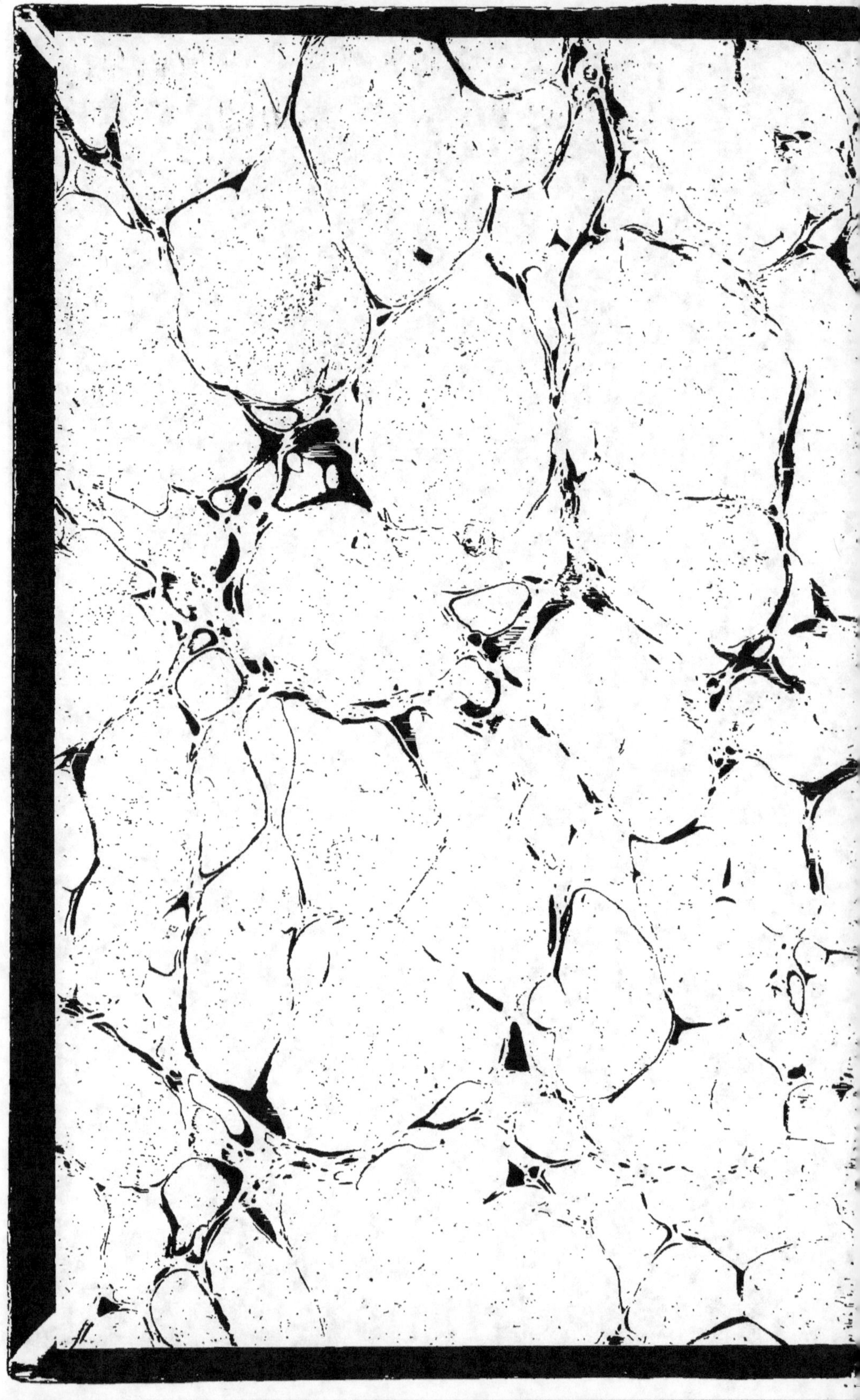

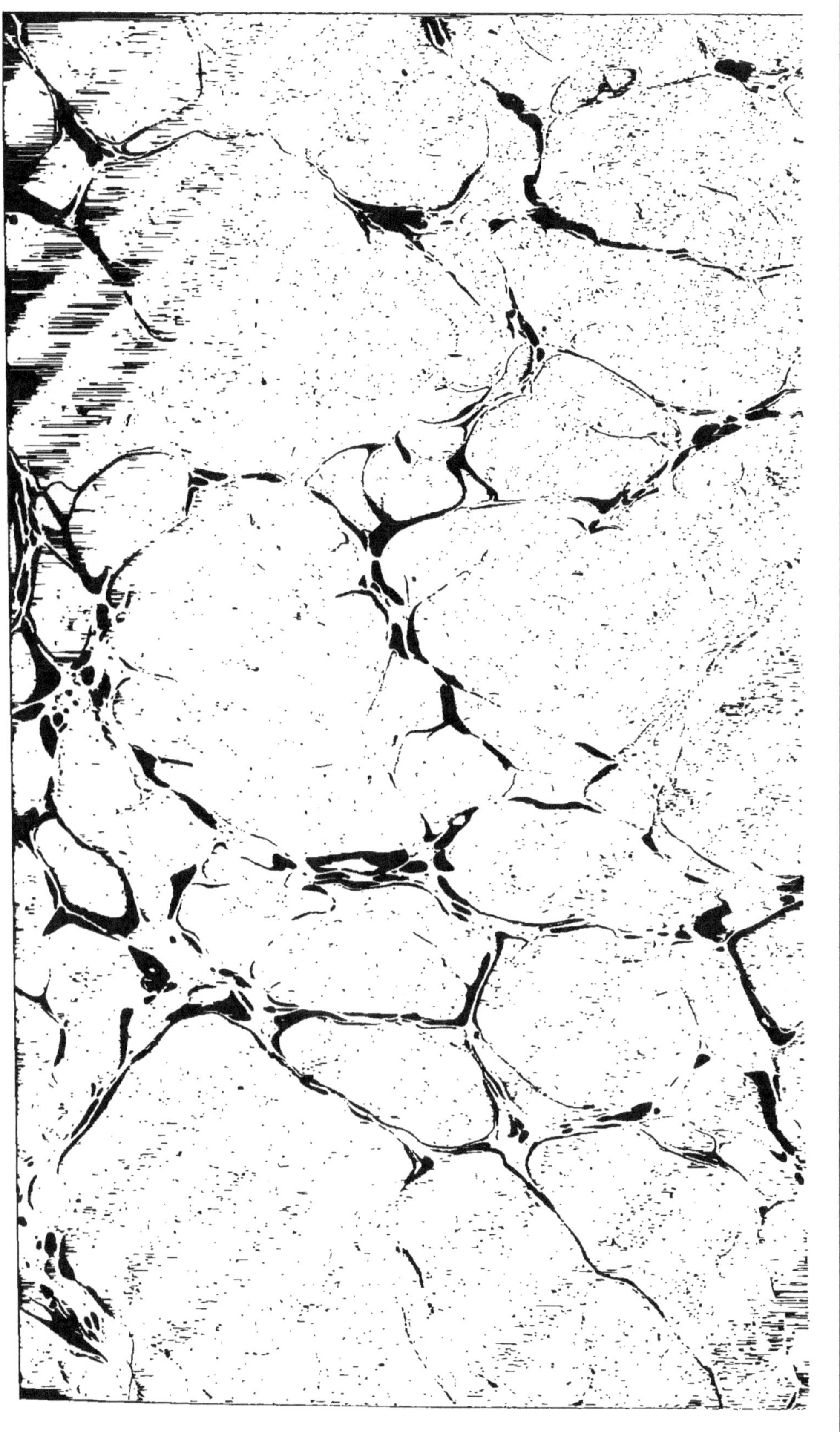

A mon cher et digne Maître
Monsieur Valette

A. Gratry
o. r.

1862.

CRISE DE LA FOI.

TROIS CONFÉRENCES

PHILOSOPHIQUES

DE

Saint-Étienne du Mont, 1863.

Paris. — Impr. Ad. Lainé et J. Havard, rue des Saints-Pères, 19.

CRISE DE LA FOI.

TROIS CONFÉRENCES

PHILOSOPHIQUES

DE

Saint-Étienne du Mont, 1863,

PAR

A. GRATRY,

Prêtre de l'Oratoire de l'Immaculée Conception.

———

PARIS,

C. DOUNIOL, LIBRAIRE-ÉDITEUR,
Rue de Tournon, 29;

J. LECOFFRE ET Cie, LIBRAIRES-ÉDITEURS,
Rue du Vieux-Colombier, 29.

1863

CRISE DE LA FOI.

PREMIÈRE CONFÉRENCE.

Messieurs,

J'entreprends aujourd'hui de répondre à la grande tristesse de ce siècle. Je veux étudier avec vous cette grande épreuve de l'esprit humain, qui doit s'appeler *Crise de la Foi*.

A vrai dire, tout est crise, en tout temps, pour toute chose. En chaque point de son cours, la vie peut s'affaisser ou s'élancer. Cependant, il est des époques critiques principales, et dans la vie du genre humain, et dans celle de chacun de nous.

Il est visible, par exemple, que, de nos

jours, depuis un siècle au moins, l'humanité traverse une crise de Foi. Leibniz et d'autres l'avaient prédit. Je vous ai cité ces paroles : « Un siècle philoso- « phique commence, où, dans la masse « des hommes, une recherche plus in- « quiète de la vérité scientifique ébran- « lera la Foi, » et le reste.

Ces paroles de Leibniz se sont accomplies au-delà de ce qu'il prévoyait. La Foi, éteinte dans beaucoup d'âmes, vacille dans la plupart, jusqu'à la racine, jusqu'à Dieu.

Qui ne sait, d'un autre côté, que chaque homme, à l'entrée de sa vie personnelle et virile, traverse une crise morale qui, d'ordinaire, décide de la direction de sa vie tout entière ? Il y a là un fait tellement général, qu'il fait partie, pour ainsi dire, de l'histoire naturelle de l'homme.

Or, il y a eu des époques où l'individu, dans son épreuve, était soutenu par toutes les forces vives de la société. Aujourd'hui c'est la société même qui, loin de nous soutenir, nous renverse.

Il résulte de là qu'en ce siècle, la plupart des hommes sont vaincus dans la lutte, ou n'en sortent que tard, malades, mutilés, affaiblis dans leur vie morale pour toujours.

Je voudrais donc, Messieurs, vous éclairer et vous aider dans ce passage, en vous montrant : 1° ce qu'est la Foi qu'il s'agit de défendre, 2° quels sont les ennemis qui la combattent, 3° et quelle peut et doit être l'issue salutaire et providentielle de la crise.

PREMIÈRE PARTIE.

Qu'est-ce que cette Foi qu'il s'agit de défendre et de maintenir en vous ?

Je réponds : C'est d'abord cette Foi nécessaire qu'on doit avoir parce qu'on est homme ; c'est, pesez bien cette assertion, Messieurs, votre vie même, votre vie propre.

La vie propre de l'homme, — j'appelle ainsi la vie de la raison et de la liberté, — va-t-elle se développer en vous ? serez-vous, oui ou non, un homme de conviction, de courage, de droiture, d'espérance ? Ou bien, donnerez-vous votre âme à la défiance, à l'incertitude, à l'égoïsme, au scepticisme et au mépris ?

C'est la question. Voilà ce que décide la crise.

De ces trois vies qui sont dans l'homme, dont je ne cesse de vous parler; que l'expérience universelle du genre humain et l'analyse philosophique de tous les temps ont discernées et nommées par leur nom; qu'a parfaitement décrites la Philosophie grecque; que saint Augustin nomme « la vie de l'âme « dans le corps, la vie de l'âme dans « l'âme, la vie de l'âme en Dieu; » que Maine de Biran nomme « la vie physio- « logique, la vie propre de l'homme, la « vie divine dans l'homme [1]; » de ces trois vies, entendez-vous ne conserver que la plus basse, et rejeter les deux plus hautes?

[1] Tout le livre de la *Connaissance de l'Ame* établit et développe la distinction de ces trois vies. Voir d'abord la Préface.

1.

Entendez-vous vous renfermer dans la vie physiologique, et vous réduire, non à l'animal pur, ce qui n'est pas possible, mais à l'animal dominant et enveloppant la raison et la liberté? Entendez-vous ne pas être du petit nombre de ces élus dont parle Bossuet : « Parmi « les hommes, combien peu séparent « leur âme de cette masse de chair! » Ne ferez-vous pas, au contraire, de votre raison un pouvoir libre, distinct, indépendant de la masse des instincts? Ne saurez-vous pas faire de votre volonté une volonté d'homme libre, *voluntas viri*, distincte de cet entrain des sens que l'Évangile appelle *voluntas carnis?*

Oui, vous dis-je, c'est l'homme dans sa vie propre, sa dignité, sa liberté, sa lumière, sa beauté, qu'il s'agit de défendre en vous. « *Confortare et esto vir*, prends « de la force et deviens homme, » c'est

le mot que dit le Seigneur à Josué à l'entrée de la terre promise; c'est le mot
que Dieu dit à tout homme à l'entrée
de la vie, surtout à ceux qu'il charge
d'apporter au monde quelque lumière
ou quelque force.

Prends de la force; prends de la Foi;
prends confiance en toi-même; prends
confiance en ton âme : voilà la Foi dont
il s'agit d'abord; Foi nécessaire, je le
répète, qu'on doit avoir parce qu'on est
homme; Foi naturelle, que l'Ancien Testament demande, et qu'il définit en ces
termes : « En toutes vos œuvres, ayez
« foi dans votre âme; *in omni opere tuo,*
« *crede, ex fide, animæ tuæ.*

Avoir foi dans son âme, croire à la
source qui est en nous, croire au principe qui ne cesse d'opérer la vie, à l'in-
cessante opération du Père, qui nous
répare, nous régénère, nous développe,

si nous avons la Foi, si nous savons
maintenir en nous l'absolue certitude,
manifestement évidente, manifestement
nécessaire ; certitude nécessaire, qui
constitue la vie et la beauté de l'âme ;
qui est la certitude morale parce qu'elle
est la beauté morale. La beauté n'est pas
discutable, pas plus la beauté d'âme que
la beauté visible. La beauté porte en elle
son évidence immédiate et absolue. Ce
qui est beau, c'est l'homme de cœur,
de courage et de conviction, qui croit,
d'une foi imperturbable, que la vie a un
but, que confiance et droiture mènent au
but, que le drame de la création finira
bien, et que l'espérance a raison et que
le désespoir a tort ; qu'en face de la
souffrance et de la mort la pitié ne peut
pas être vaine, et que tout être retrouvera
le fruit de tout effort et de toute souffrance. Celui qui croit cela est beau par

cette foi seule. Or, le vrai seul est beau. Gloire à Dieu ! ces nobles vérités sont infaillibles : cet immense trésor de lumière et de certitude est à nous.

Eh bien, sachez qu'il y a, en toute âme, presque en tout temps, un choix libre et secret entre les deux directions de la vie : Foi ou défiance, conviction ou découragement, enthousiasme ou mépris, générosité dévouée ou sceptique égoïsme. Là est tout l'homme ; là, dans ce choix secret qui s'opère et qui recommence presque perpétuellement, là est toute la question : être ou n'être pas homme. La foule lutte pendant toute la vie entre les deux tendances. Mais quelques-uns établissent en eux-mêmes l'habitude, abjecte ou sacrée, de l'une des deux.

Un trop grand nombre parviennent à établir l'incrédulité, à extirper cette Foi que donnait la nature, qu'apportait l'âme en venant en ce monde. Ils parviennent, dit saint Augustin, ils parviennent par leur vie à rejeter le principe intime de la vie : *Projecerunt intima sua in vita sua*. Ils rejettent les entrailles de leur âme : *Viscera quædam animæ*. Ce sont, dit un apôtre, des arbres déracinés, des arbres deux fois morts : *Arbores eradicatæ, bis mortuæ*. Pourquoi est-il dit *deux fois morts?* Nous le verrons bientôt.

Les lâches commettent ce suicide intérieur. L'homme de cœur recueille ses forces, dont l'ensemble et le nœud vital est la Foi, et il maintient son être, et il maintient sa vie dans sa beauté et dans sa dignité.

La Foi, c'est donc ce fonds de forces nécessaires, de convictions absolues et immédiates qu'on doit avoir parce qu'on est homme, et dont l'abdication est le suicide de l'âme.

Et maintenant, Messieurs, écoutez bien ceci. La Foi que je viens de décrire est ce que la Théologie nomme la *Foi humaine* et naturelle, qui est votre devoir, et que nous distinguons radicalement de la *Foi divine*, qui est un don de Dieu. Mais quoi! ce don, dit la Théologie, est constamment offert. Dieu le verse dans l'âme qui ne le repousse pas, c'est-à-dire qui, par la Foi humaine, détruit l'obstacle à la Foi divine. La première est votre devoir, la seconde est votre couronne. Dans l'état actuel du monde, par la bonté gratuite de Dieu, la Foi divine, soit implicite, soit explicite, est dans l'âme qui sait et qui veut maintenir en elle-même la Foi naturelle nécessaire. Nous sommes chargés de nous faire hommes; Dieu se charge de nous faire dieux, comme s'exprime saint Grégoire de Nazianze. Si nous savons être hommes, Dieu nous élève plus haut que l'homme : *Transumanar*, disait le Dante. Que ce mystère est simple pour qui en a reçu l'enseignement !

Tout est en ce seul point : nous sommes en Dieu, et nous vivons en lui, et notre Père ne cesse de vouloir nous donner la vie, la vie toujours plus abondante, et toute la vie. Notre Père, pour nous tout donner, ne nous impose qu'une condition, manifestement nécessaire. Il dit à ses enfants : « Ayez du cœur. » Et cœur veut dire courage, confiance, droiture. Et cette divine parole, qui nous est toujours dite : « Ayez du cœur, » nous donne elle-même ce cœur, si, par égoïsme, défiance, bassesse, perversité, nous ne détruisons pas ce cœur à mesure qu'il se forme. Souvenez-

vous des belles paroles de Thomassin,
ce grand théologien et ce grand philo-
sophe de l'ancien Oratoire, qui déter-
mine ainsi la condition de la Foi divine :
*Prope adest sapientia cordatis, procul
abest excordibus : illis enim natus, illis
passus, illis revixit, qui, inter mundi vel
initia, vel excidia, ubicumque, quando-
cumque fuerint, justitiæ ejus se addixere;
nequaquam autem his qui corporalia hæc
ejus sacramenta oculis contuiti, animis
aversati sunt.* « La Sagesse éternelle, »
« — qui est le Christ et la Foi qu'il don-
« ne, — est près de l'homme qui a du
« cœur; mais elle est loin des cœurs
« éteints. Car Jésus-Christ est né, il a
« souffert, il est ressuscité pour ceux
« qui, soit à l'origine de l'histoire, soit
« à la fin, en quelque temps, en quelque
« lieu qu'ils aient vécu, se sont donnés
« à sa justice; mais non pour ceux qui,

« ayant contemplé de leurs yeux ses sa-
« crements physiques, en détournaient
« leur âme. » Doctrine sublime, manifestement vraie, qui d'ailleurs repose
sur ce texte de la sainte Écriture : *Deus
loquetur pacem in plebem suam, et in
eos qui convertuntur ad cor.* « Dieu
« parle, et il verse la paix dans son peu-
« ple, c'est-à-dire en tous ceux qui se
« convertissent à leur cœur, » qui ont
foi dans leur âme, et en même temps
dans la source de l'âme. Oui, dans ces
cœurs-là, Dieu verse la paix, Dieu verse
sans cesse la force qui fait l'homme, et
puis la force qui élève l'homme plus haut
que l'homme : *Transumanar.*

Élever l'homme au-dessus de l'homme,
Messieurs : ces paroles ont pour vous un
sens scientifiquement déterminé. Nous
n'avons cessé de vous parler de ce grand
fait fondamental, bien établi par l'expé-

rience universelle, savoir la triple vie dont l'homme peut vivre. La vie humaine n'a toute son étendue, — telle est notre grandeur! — que quand elle est universelle, et s'étend aux trois mondes. L'âme vit au-dessous de l'homme par son incarnation dans la nature; elle vit de sa vie propre, en sa raison et dans sa liberté; elle vit enfin plus haut que l'homme par une sorte d'incarnation de Dieu dans l'âme : *Quid anima in corpore valeret, quid in seipsa, quid apud Deum.* La Foi humaine, c'est la force qui recueille et affermit l'âme dans sa vie propre; la Foi divine est celle qui élève et affermit l'âme dans la vie de Dieu.

Ici, Messieurs, il faut insister. Il faut parler plus amplement de cette Foi divine, surnaturelle, qui donne à l'homme une vie plus haute que l'homme, qui est la vie de Dieu en nous.

Regardons en face cette question. Une pareille vie, une pareille Foi est-elle possible? existe-t-elle?

Nous n'avons pas cessé, Messieurs, depuis le commencement de ces conférences, de vous le démontrer. Je résume cette démonstration.

Cette vie plus haute et cette Foi plus haute existent, parce que 1° le genre humain tout entier l'a toujours proclamée en affirmant qu'au-dessus de la vie du corps, au-dessus de la vie propre de l'homme, il y a la vie religieuse. Le fait universel de l'existence des religions proclame que tout le genre humain a cru à l'existence de la troisième vie, supérieure à la vie fatale de la nature, et à la vie mixte de l'homme, à moitié libre et raisonnable.

2° L'histoire de la Philosophie tout entière en est comme la démonstration;

car, mettant à part le scepticisme sophistique, qui est l'absurde pur, de quoi se
compose l'histoire de la Philosophie?
De trois systèmes, toujours renaissants.
Il y a le *matérialisme*, l'*idéalisme*, le
mysticisme. Ces trois systèmes inévita-
bles prouvent ces trois vies, qu'ils en-
trevoient et qu'ils isolent.

3° Les plus sérieux et les plus dé-
sintéressés observateurs de l'homme ont
vu et reconnu dans l'homme l'existence
de trois vies : vie de l'homme dans la
nature, vie propre de l'homme dans
l'homme, et vie de l'homme plus haut
que l'homme, en Dieu.

Les Grecs, ces sobres et admirables
observateurs de l'homme et de sa beauté,
de sa beauté visible et invisible, ont excellemment décrit et analysé ce point
fondamental de la Philosophie.

Platon est partout, tout entier dans

2.

cette distinction, parlant sans cesse des trois régions que peut habiter l'âme, des trois formes et comme des trois natures que peut revêtir l'âme : τρία ψυχῆς εἴδη, τοὺς τρεῖς τόπους τὴς ψυχῆς, selon que l'âme vit dans le monde des corps, ou qu'elle se recueille en elle-même, ou qu'elle s'élève à contempler le souverain Bien. Chacun, dans Platon, voit cela. Et c'est même ce qui a fait dire que Platon donne à l'homme trois âmes [1]. Mais Aristote est moins connu sur ce sujet, et cependant il est peut-être encore plus décisif et plus précis.

C'est lui qui parle en propres termes de cette vie plus haute que la vie de l'homme, et dont, cependant, l'homme peut vivre : Ὁ δὲ τοιοῦτος ἂν εἴη βίος κρείττων ἢ κατ' ἄνθρωπον. Οὐ γὰρ ᾗ ἄνθρωπός ἐστιν

[1] Voyez, dans la *Connaissance de Dieu*, l'étude sur Platon, n° III.

οὕτω βιώσεται, ἀλλ' ᾗ θεῖόν τι ἐν αὐτῷ ὑπάρχει.
« Une telle vie est meilleure que la vie
« de l'homme. Ce n'est pas en tant
« qu'homme qu'il peut vivre ainsi ; mais
« en tant qu'un principe divin vit en
« lui [1]. »

C'est lui qui dit que cette vie plus
haute n'est pas la vie propre de l'homme ;
qu'elle survient dans l'homme du dehors :
θύραθεν ; qu'elle est comme une autre espèce d'âme : ἔοικε ψυχῆς γένος ἕτερον εἶναι ;
qu'elle ne semble pas être donnée à tous
les hommes : ἀλλ' οὐδὲ τοῖς ἀνθρώποις πᾶσιν [2].

Aristote décrit ici nettement ce que la
Théologie catholique appelle la vie divine et surnaturelle. Et peu s'en faut
qu'il ne prononce ailleurs le mot surnaturel, quand il dit : « Il y a trois subs-

---

[1] *Moral. ad Nicom.*, **X**, 7.

[2] **Voyez**, dans la *Connaissance de Dieu*, l'étude
sur Aristote, n° VIII.

« tances, deux *naturelles*, l'autre immua-
« ble. » Et il écrit un livre pour traiter
*de ce qui .est en dehors des choses natu-
relles :* Τῶν μετὰ τὰ φυσικὰ.

4° Enfin cette vie plus haute existe,
parce que la science psychologique, dans
son progrès moderne, y arrive et y touche, et se trouble au contact de l'étrange
phénomène.

La science, je dis la science expérimentale moderne, d'abord par l'exemple
des grands créateurs de la Physique et
de l'Astronomie, et plus tard par l'effet
des clameurs éloquentes de Bacon, a
d'abord appliqué l'*expérience* au monde
des corps. Au commencement du siècle,
une noble école de Psychologie a posé
cette très-simple, très-lumineuse et très-
nouvelle question : Pourquoi n'appli-
querait-on pas la méthode expérimentale
au monde de l'âme ? Presque en même

temps l'on a été plus loin : des profondeurs du génie allemand est sortie cette
parole : « La Philosophie est sur le point
« de subir une nouvelle transformation
« qui, pour le fond des choses, sera la
« dernière. C'est lorsque Dieu lui-même
« sera devenu, si l'on ose le dire, l'ob-
« jet de l'expérience ; » parole de la plus
admirable profondeur, que ratifie d'a-
vance saint Paul, lorsqu'il dit : *Quærere
Deum si forte attrectent eum..... in ipso
enim vivimus.* « Chercher Dieu, le tou-
« cher, le saisir ; car on vit en lui. »

Mais en même temps, la clarté du
génie français précisait cette suprême
vérité par l'effort d'un très-grand esprit,
beaucoup trop peu connu, Maine de
Biran, qui, après avoir traversé, dans
l'étude de l'homme, la doctrine de la
sensation, puis celle de l'activité personnelle, intelligente et libre, parvint,

après vingt années de travail, à la nécessité de reconnaître une troisième vie, distincte des deux premières.

Ainsi, Messieurs, tous les témoins, tous les observateurs, dans tous les temps, ont observé et ont constaté les mêmes faits.

Et que serait-ce si nous avions cité toute la tradition religieuse, judaïque et chrétienne, et toute la Théologie catholique, dont la distinction des trois vies est la doctrine constante? Ne citons que saint Jean au début de son Évangile : *Qui non ex voluntate* CARNIS, *neque ex voluntate* VIRI, *sed ex* DEO *nati sunt.*

En sorte que, ou rien n'est établi en Psychologie, et l'expérience de tous les observateurs et du genre humain tout entier est vaine ; ou bien il faut admettre que la grande base expérimentale de la science de l'homme est trouvée. C'est celle que pose Maine de Biran dans cette page de psychologie, la plus belle et la plus importante qui ait été écrite en notre siècle, et que je vous demande la permission, Messieurs, de vous citer en son entier :

« C'est en vain que chaque système
« prétend déduire d'un seul principe
« la science vraie d'un être mixte, or-
« ganisé, vivant, sentant, pensant et
« libre; qui touche d'un côté à la na-
« ture animale, pendant qu'il touche
« de l'autre à la nature divine, dont il
« est le reflet ou l'image, dont il reçoit
« l'influence ou l'esprit; par où il peut
« atteindre un monde de réalités invi-
« sibles, qui ne se manifeste qu'à un
« sens sublime, à celui de la religion,
« ou de la Foi et de l'amour.

« Je dis donc que les forces vivantes,
« ou les vies que l'expérience intérieure

« apprend à distinguer et que le sens
« intime ne permet pas de confondre,
« SONT TROIS ET NON PAS UNE SEULE, quoi-
« qu'il n'y ait qu'un *moi* unique.

« Je ferai donc trois divisions de cet
« ouvrage.

« La première comprendra les phé-
« nomènes de la vie animale.

« La deuxième renfermera les faits
« relatifs à la vie propre de l'homme,
« sujet sentant et pensant, personne
« morale, soumise aux passions de la
« vie animale, et en même temps libre
« d'agir par sa propre force.

« La troisième division, la plus im-
« portante de toutes, est celle que la
« Philosophie a cru devoir jusqu'à pré-
« sent abandonner aux spéculations du
« mysticisme, quoiqu'elle vienne aussi
« se résoudre en faits d'observation.
« Cette division comprendra les faits

« de cette vie spirituelle, dont les ca-
« ractères se trouvent si visiblement
« empreints, pour qui sait les voir, dans
« le premier, le plus beau, le plus
« divin, le seul divin des livres de Phi-
« losophie, dans le code des chrétiens,
« dans toutes les paroles de Jésus-Christ,
« telles qu'elles ont été conservées dans
« les Évangiles [1]. »

C'est, dis-je, Messieurs, la plus belle page de psychologie, la plus complète qui ait été écrite en notre siècle. La science entière de l'homme est là, dans ses trois racines nécessaires. C'est cette science que j'ai essayé de développer, du même point de vue, dans le livre de la *Connaissance de l'Ame*. Quant à la distinction de la seconde et de la troisième vie, dans l'ordre intellectuel, je

---

[1] *OEuvres inédites de Maine de Biran,* par Ernest Naville, t. III.

me suis efforcé de l'établir scientifiquement dans les chapitres dont voici les titres : 1° *Les deux degrés de l'Intelligible divin* [1]; 2° *Les Vertus intellectuelles inspirées* [2]. Lisez, je vous prie, ces chapitres, et jugez par vous-mêmes.

Pardonnez-moi, Messieurs, ce long développement ; mais c'est là notre base expérimentale inébranlable. Il y faut revenir sans cesse.

Nous ne pouvons donc pas ne pas voir que, au-dessus de la vie de l'homme dans le corps, et au-dessus de la vie propre de l'homme, il y a une vie supérieure, qui est la vie de Dieu dans l'homme, l'inspiration de l'Esprit de Dieu dans l'esprit et le cœur de l'homme. L'Esprit de Dieu ne cesse de couver l'homme, soit qu'il habite dans

[1] *Connaissance de Dieu,* IIe partie, chap. 1er.
[2] *Logique,* liv. **V.**

l'âme, soit qu'il la sollicite du dehors :
Impulsum Spiritus Sancti, dit le Concile
de Trente, *nondum inhabitantis, sed
jam moventis*. Il est visible que l'homme
est incomplet ou mutilé, s'il repousse
cette vie. Il est clair, comme le dit encore Maine de Biran, que les deux premières vies ne semblent nous avoir été
données que pour arriver à la troisième.
Cette vie est celle que le Christianisme
a nommée vie de la Foi : et, ne nous y
trompons pas, Messieurs, la Foi a pour
objet Dieu seul, et pour inspirateur Dieu
même, ou ce n'est plus la Foi. Elle
vient, dit saint Thomas, de l'intérieure
inspiration de Dieu : *Et interiore instinctu
Dei*. Et pendant que son objet est Dieu,
le sujet propre de la Foi, c'est la raison
et la liberté, ou ce n'est plus la Foi. « La
« Foi, » dit notre théologie catholique
dans l'admirable définition vulgaire qui

dit tout, « la Foi est, sous l'inspiration
« de Dieu, l'assentiment libre de la
« raison et de la volonté à Dieu, qui se
« révèle à nous. » *Fides est assensus
liber, cum gratia Dei, intellectus et vo-
luntatis Deo revelanti.* Et comme nous
le disions, ce don de Dieu, cette *vertu
inspirée*, Dieu nous l'offre sans cesse.
Il la verse dans l'âme dès que l'obstacle
de perversité est enlevé, et l'homme qui,
par l'effort de sa raison, de sa bonne
volonté, s'est fait homme, et a maintenu
la beauté humaine de son âme, celui-là
est élevé par Dieu au-dessus de l'homme
et reçoit la beauté divine. La Foi divine
est déjà presque toujours au fond, implicite du moins, là où se trouve la Foi
naturelle nécessaire, dont il est dit :
Crede, ex Fide, animæ tuæ.

Il y a donc, Frères bien-aimés, il y a
donc toujours, soit en vous, soit auprès

de vous, Dieu même, Dieu inspirateur. Dieu vous est offert ou donné au fond du cœur. De plus, Dieu vous parle au dehors par l'Évangile, le livre de la vie divine, par Jésus-Christ, le maître et le modèle de la vie éternelle, par l'Église, assemblée de Dieu (ECCLESIA DEI), assemblée des hommes unis entre eux et avec Dieu.

Voilà, Messieurs, ce qui vous est donné. Eh bien! c'est du haut d'une pareille grandeur et d'une pareille richesse, c'est du haut d'une pareille conviction, dont la plus grande partie est d'évidence immédiate et absolue, c'est du haut de cette royauté morale que vous permettriez à une force quelconque, à un ennemi quel qu'il soit, de vous faire descendre jusqu'au dénûment de l'incrédulité, jusqu'à l'abaissement du scepticisme et du découragement!

3.

Ah ! c'est ici, Messieurs, que j'ai le désir et l'espoir de vous servir et de vous aider, en vous faisant connaître vos ennemis.

DEUXIÈME PARTIE.

Vous avez, Messieurs, deux ennemis : l'un réel et très-dangereux, et l'autre fantastique, dangereux seulement si la peur fait jeter les armes.

Voici l'ennemi réel :

Qu'est-ce qui ôte, en réalité, à la plupart des hommes cette vie de l'âme et cette vie de Dieu qui est la foi? Faut-il le dire? c'est une crise physiologique; c'est un fait d'histoire naturelle.

J'interroge la physiologie, et je trouve scientifiquement décrit ce grand fait d'expérience antique, savoir, qu'à l'entrée de la vie virile, à l'époque de la grande métamorphose organique qui développe le corps entier, l'homme hésite entre les

deux chemins offerts au choix d'Hercule : celui de la vertu et celui de la volupté ; ces deux chemins que l'Évangile
appelle *la voie large* et *la voie étroite*.

J'ai sous les yeux un traité justement
célèbre de physiologie comparée, et j'y
trouve « les deux directions de la vie
« entre lesquelles il s'agit de choisir, »
désignées par les mots « direction indivi-
« duelle » et « tendance universelle, » ou
égoïsme et dévouement.

« Tantôt, dit le savant observateur,
« tantôt l'incrédulité prend la prédomi-
« nance, et l'élan généreux de la vie passe
« au service de l'égoïsme; tout se disperse
« vers le dehors, et la force de la jeu-
« nesse est employée à la jouissance des
« sens; le talent consacré à la conquête
« de la fortune et des honneurs, et la vie
« sacrifiée à l'apparence; tantôt *la di-*
« *rection universelle* l'emporte; la foi à

« l'idéal ramène le jeune homme en
« lui-même, où il grandit dans sa vie
« intérieure [1]. »

Or ce ne sont pas là, Messieurs, des
faits subtils et discutables : c'est l'expérience de tous les temps et de tous les
lieux. Vers l'époque où se développe
l'homme corporel, l'homme tout entier
éprouve la tentation de devenir tout
corps. « Tout est corps, tout est sens, »
dit quelque part Bossuet. Une force
puissante semble vouloir verser toute
la vie au dehors. L'homme va-t-il donc
rester tout extérieur et corporel ? va-t-il
s'exclure dans l'un des trois systèmes de
vie dont l'union et la hiérarchie constituent l'homme complet et parfait ?

Suivra-t-il, dans la direction générale
de sa vie, la vraie marche que tous les
grands observateurs de l'âme ont dé-

[1] Bardach, t. IV, fin.

crite ainsi : *ab exterioribus ad interiora, ab interioribus ad superiora;* ou bien, au lieu de remonter sans cesse du dehors au dedans, de l'intérieur à ce qui est plus haut, c'est-à-dire de la nature à l'homme, de l'homme à Dieu, ira-t-il s'absorber tout entier et s'endormir dans la nature? ou, comme le dit encore notre physiologiste, sera-t-il Apollon ou Bacchus, ou peut-être Silène?

Or, qui ne le sait? « presque toute « la nature humaine est endormie! » A peu près tous les hommes font le contraire du choix d'Hercule. A peu près tous vivent et meurent dans la vie des sens, et ne connaissent ni l'âme ni Dieu. A peu près tous s'absorbent tout entiers, et cela dès les premières épreuves, dans celle des trois vies qui se développe la première, et s'y arrangent dans l'égoïsme. Ils découlent sur la ligne de plus grande pente terrestre, et s'arrêtent au bas. Plus d'idéal, plus d'élévation; ils ne connaîtront plus jamais ni âme, ni Dieu, ni foi, ni vertu, ni devoir.

Voilà la triste vérité : la plupart des hommes, à l'entrée de la vie, dès le commencement de la crise principale, roulent dans les sens et dans la matière, et ne comptent plus comme forces morales, intelligentes et libres.

On dit que sur la face du globe un tiers des hommes venus au jour, avant la fin de la première année, sont rentrés dans le sein de la terre. La mortalité sur les âmes est plus grande. Quand vient la crise, il n'en est pas un tiers qui choisisse la vie. Au premier choc des tentations, la plupart s'affaissent et s'éteignent, et de cette masse, librement rendue à la terre, il ne sortira plus ni lumière ni force utile pour l'œuvre du genre humain. Oh! Messieurs! combien est petit le nombre des élus qui conservent, à travers la première épreuve, la vie entière, celle de l'âme et de Dieu!

Tel est, Messieurs, l'ennemi réel et le grand meurtrier des hommes.

Voici l'autre ennemi.

La première épreuve a été nommée quelque part l'épreuve du feu [1]; presque en même temps, il en vient une autre que l'on pourrait appeler l'épreuve de la lumière.

La tentation des fausses lumières n'est pas dangereuse pour celui qui a su traverser la tentation du mauvais feu. J'appelle fausses lumières les fantômes de défiance, d'ignorance ou de science brisée, et les spectres d'orgueil qui obsèdent toutes les avenues de la vie intellectuelle,

[1] Veuillez lire, dans la *Connaissance de l'âme*, les chapitres intitulés : *Abus de la lumière, Abus du feu.*

surtout depuis que le monde est entré en des siècles de discussion, de critique et de publicité universelle.

Je dis d'abord que ces fantômes n'offrent pas de danger pour les âmes fortes qui ont su traverser l'épreuve du feu physiologique, qui ont su défendre leur vie, et la beauté, et la dignité de la vie, et maintenir leur foi, et pratiquer les deux conseils : *Crede ex fide animæ tuæ; Confortare, et esto vir.*

L'homme qui, au milieu de la première lutte, a senti le goût de la foi, la vigueur de la certitude, l'absolue clarté du devoir, la suprême gloire du but ; celui dont l'âme a pu saisir un seul instant la forme sacrée de l'éternelle beauté, celui-là, remarquez-le bien, tient la certitude substantielle et il en vit, comme saint Paul dit que l'on tient Dieu, qu'on le touche de la main, *si forte attrec-*

tent eum, puisque c'est en Dieu que l'on est, que l'on vit et que l'on se meut.

Or, je vous le demande, que peut un raisonnement, un système, une ignorance, un fantôme intellectuel quelconque, contre cet état d'âme, contre cette certitude dans laquelle vous vivez? Quelle ne serait donc pas la pusillanimité intellectuelle, j'allais dire la sottise et la coupable lâcheté de celui qui, à la vue des fantômes de doute et de ténèbres, effrayé par leurs cris, par l'audace de leurs négations, par leur fureur à empêcher le genre humain de s'avancer vers l'idéal, se laisserait emporter à la peur, et se mettrait à fuir en jetant loin de lui l'espérance, et la foi, et l'amour, ces armes d'âme capables de conquérir le monde présent et le monde à venir! Non, celui qui a bien su traverser la première épreuve, de beaucoup la plus grande de toutes, celui-là ne fuira pas ainsi.

On vient de découvrir, vous dira-t-on, qu'il n'y a pas de Dieu, pas d'âme, pas d'avenir ; que tout s'explique par une seule hypothèse physique, le mouvement : donc point de but, point de loi, point de devoir, point de beauté.

Quoi ! ces risibles fantômes d'air battu qui sortent de la bouche des morts ; quoi ! ces laideurs méprisables et bêtes vont vous faire fuir, vous faire jeter les armes, et briser votre force, et vous ôter foi en la vie !

Comprenez donc qu'entre ces phrases et ces systèmes, et ces voix creuses qui soufflent hors de vous, ces ombres et ces négations qui semblent vous menacer, vous et Dieu, et la vie qu'il donne, il n'y a pas de proportion. Il n'y a pas lieu à discuter ni à combattre. Il n'y a pas lieu à leur accorder quelque doute provisoire ; car ce serait leur reconnaître quelque droit de belligérants. Ne daignez pas faire attention ; vous êtes un corps, ce sont des ombres ; vous êtes réel, ce sont des apparences. N'ayez pas peur, ne tirez pas même votre épée.

Messieurs, que Virgile ici vous instruise.

Tout homme, de nos jours, doit, comme Énée, traverser le Tartare et descendre aux Enfers du doute. Qu'arrive-t-il au héros dès l'entrée du séjour des ombres ? Voici mille monstres de toutes les formes, centaures et géants aux cent bras, scylles à double forme, chimères de feu, gorgones, harpies, *harpyiæque et forma tricorporis umbræ.* Énée a peur ! Il tremble et tire l'épée. C'est Virgile qui le dit :

Corripit hic subita trepidus formidine ferrum.

Et le héros allait commencer un combat ridicule contre des ombres, si son
guide ne l'avait averti : « Tout cela, lui
dit la sibylle, n'a point de corps, ce
sont des formes creuses, de petites vies
imaginaires qui voltigent dans le vide. »

> At ni docta comes tenues sine corpore vitas
> Admoneat volitare cava sub imagine formæ,
> Irruat, et frustra ferro diverberet umbras.

Permettez-moi, Messieurs, de vous
servir ici de guide. Je connais tous ces
monstres, ces géants aux cent bras qui
menacent d'escalader le ciel, d'abattre
Dieu, et puis de dévorer ou d'étouffer
le genre humain ; ces harpies et chimères de critique qui déchirent tout, et
cette *ombre tricorporelle*, la grande négation nuageuse et ses trois corps ou
son triple moment ; je les connais. Je
vous le dis, passez hardiment à travers,
comme si ce n'était rien, car ce n'est

rien. Je vous l'ai dit depuis longtemps : « Contre ces ennemis, le combat même « est ridicule. »

Que si plus tard, comme moi et beaucoup d'autres, vous avez le loisir d'étudier jusqu'au fond , dans la pathologie de l'esprit humain, l'étrange nature, ou pour mieux dire les étranges possibilités d'apparaître qui constituent ces imaginaires, vous y retrouverez, je vous le promets , la glorification des lois de Dieu, le triomphe de la foi primitive, la justification des lumières éternelles et universelles de la raison, et des grandes convictions nécessaires du genre humain.

Mais quoi ! s'il faut de longues études et une science patiemment développée pour analyser jusqu'au fond les racines fantastiques de ces monstres intellectuels, il n'est pas besoin d'une grande science ni de longues études pour s'assurer que ce sont des ombres. Il suffit de regarder en face quelques-unes de ces formes, et je ne cesse de vous convier à cet examen. Cet examen a été sommairement opéré de tout temps par le bon sens du genre humain. Il a été logiquement et supérieurement opéré par Aristote; lisez, dans sa Métaphysique, sa discussion contre les sophistes. Platon a fait le même travail ; lisez son dialogue du sophiste. Kant y a travaillé, mais c'est un auteur difficile. L'école écossaise, sur ce point, a dit d'excellentes choses. Hamilton en a parlé décisivement. Au commencement du siècle, de très-nobles et très-solides esprits, très-estimés, moins encore qu'ils ne le méritent, ont vu et proclamé le simple et très-positif résultat de l'examen, notamment M. Royer-Collard lors-

qu'il a dit : « La pensée a mainte-
« nant retrouvé, dans les épreuves de
« l'analyse, sa sublime origine, la mo-
« rale son autorité, l'homme ses des-
« tinées immortelles. L'anarchie est
« vaincue dans la sphère de l'entende-
« ment. » Oui, Messieurs, l'anarchie
est vaincue aux yeux de la science et
pour les philosophes. Pour la masse des
esprits, elle s'est développée dans ses
effets. Les sophistes, vaincus en principe, ont augmenté l'effet visible de leur
agitation. Mais, Messieurs, voulez-vous
connaître l'état présent de la lutte? voulez-vous constater par vous-mêmes que,
logiquement et en principe, ils sont
vaincus? J'ose vous prier alors de vérifier, par un travail de quelques jours,
mes propres travaux sur ce point. Veuillez discuter par vous-mêmes, dans les
textes et contradictoirement, l'*Étude sur*

la sophistique contemporaine. Veuillez discuter par vous-mêmes l'*Étude sur la Logique* de Hegel [1]. Ce dernier travail, je l'avoue, outre la connaissance préalable du grec et de l'allemand, demanderait plusieurs semaines d'étude, peut-être plusieurs mois ; mais une simple lecture, si elle est attentive, pourra vous être encore profondément utile.

Si j'ose parler ici, avec cette confiance, de mon propre travail sur Hegel, c'est, Messieurs, qu'en un certain sens, le fond de cette polémique vient de plus haut que moi. Vous le verrez, elle est véritablement d'Aristote et de Platon, lesquels eurent aussi à lutter contre cette maladie de l'esprit humain toujours identique à elle-même, la sophistique.

Revenons maintenant, Messieurs, au centre de notre sujet. Il s'agit de la

[1] Voyez la *Logique*, l. II.

crise de Foi. J'ai dit que cette Foi nécessaire, vie, ressort et beauté de l'âme,
a en elle-même sa certitude immédiate.
Cela est évident pour la Foi nécessaire,
naturelle, qu'on doit avoir parce qu'on
est homme. Et nous disons qu'il en est
de même pour la Foi divine, surnaturelle, que Dieu verse dans le cœur pré-
paré.

Nous disons qu'ici encore il est certain d'avance, *à priori*, qu'aucun raisonnement, aucun système, nulle science,
nulle découverte, ne peut être valable
contre la vie morale ou la vie religieuse
qui est en vous. La vie porte en elle-
même sa certitude ; il faut ici d'avance
l'inébranlable Foi, certitude absolue
qui se suffit parce qu'elle est. Tout
nuage, toute tempête, toute contradic-
tion intellectuelle, toute obscurité scientifique, doit passer sans rien entamer.

C'est en ce sens que le maître de cette vie divine nous dit : *Beati qui non viderunt et crediderunt*. Heureux ceux dont la Foi est si forte qu'elle persiste dans sa divine orientation par l'énergie de sa propre substance, même à travers la nuit et sous l'effort de la tempête ! Oui, heureux sont ces grands et vigoureux cœurs qui croient sans voir ; qui passent ainsi à travers les fantômes et persistent, à travers toute épreuve, dans la pratique du bien, dans la recherche du contact de Dieu, *si forte attrectent eum*, et dans l'expérimentation de Dieu, *experimentalem Dei notitiam*, dit saint Thomas, c'est-à-dire dans cette science pratique qui n'est autre que la Morale et la Religion. Ceux-là, parce qu'ils persévèrent, malgré les ténèbres, à opérer la vérité, arriveront à la lumière et à la splendide justification de leur foi. *Qui facit veritatem venit ad lucem*, dit le Maître de la vie éternelle.

Mais cela dit, j'espère pouvoir, Messieurs, vous montrer l'inanité des fantômes ordinaires qui, sous le nom de science, de raison, de critique, obsèdent aujourd'hui les esprits et les somment d'abandonner et de livrer la Foi divine.

Je ne dis pas, comprenez-moi bien, qu'il n'y ait ni obscurité ni difficultés dans la Foi : il y en a et il y en aura toujours. Je dis ceci : difficulté n'est pas impossibilité ; obscurité n'est pas erreur. Je dis que nous traversons aujourd'hui un âge philosophique qui sait poser les difficultés religieuses, — c'est un progrès, — mais qui ne sait pas encore les résoudre ; ce serait un second progrès beaucoup plus important. Je dis, en outre, qu'à l'entrée de la vie, chaque homme traverse un âge où l'on pose les difficultés sans pouvoir les résoudre.

Je dis qu'à chaque instant je rencontre ces demi-développements intellectuels qui savent la critique négative de la Foi, mais qui ne sauraient ni trouver sa justification, ni la comprendre si elle était donnée. C'est un moment très-difficile qu'il faut nous efforcer, nous tous, de traverser avec patience, humilité, bonne volonté, prière et longanimité, et surtout dans une ferme attitude morale et religieuse.

Laissez-moi vous faire part à ce sujet, Messieurs, de ma propre expérience.

Voici, par exemple, l'histoire d'un fantôme scientifique qui a failli me renverser.

En ce temps-là je commençais l'étude des sciences, et lisais beaucoup l'Evangile. Un jour, une parole du Sauveur me

perça l'esprit comme une flèche : « Les
« étoiles tomberont du ciel, » *Stellæ de
cœlo cadent ;* je croyais voir, dans le texte
évangélique, les soleils tomber sur la
terre ; et ici l'Évangile était évidemment
absurde. Si quelque chose pouvait tomber, ce serait la terre, ou les terres, sur
leurs soleils. Mais d'ailleurs, la stabilité
du système, je le croyais alors, n'est-
elle pas démontrée? De bonne foi, me
disais-je, est-ce la vérité qui parle, et ce
seul trait d'ignorance absolue n'est-il
pas décisif?

Il me fallut un héroïque effort pour
ne pas laisser l'Évangile et ne pas rejeter toute la foi chrétienne. Mais, quand
la Foi réelle vit au cœur, elle y tient, et
subsiste par sa vertu propre. Je persistai
à croire sans voir : peut-être compren-
drai-je un jour, me disais-je, et je pour-
suivis mon chemin malgré le terrible

fantôme : terrible par sa clarté et sa simplicité.

Le fantôme a duré plusieurs années et n'a été pleinement dissipé que vingt ans plus tard. Il était, comme tous les fantômes, composé de ces deux éléments : « Malentendu, science incomplète. »

Malentendu : je croyais que, selon l'Évangile, les soleils tomberaient sur la terre ; l'Évangile ne le disait pas, il disait : « Les étoiles tomberont. » L'absurdité n'existait plus. Je ne fis cette remarque si simple qu'après plusieurs années.

Science incomplète : je croyais démontrée la stabilité de tout l'état astronomique du ciel. C'était un peu la pensée antique des « *cieux incorruptibles.* » Pourtant que de faits déjà dans la science tendaient à renverser cette hypothèse ! mais j'ignorais ces faits, ou je n'y pensais pas alors.

Or voici ce qui m'éclaira pleinement vingt ans plus tard. C'était en 1848. Je vois entrer chez moi M. Cauchy, mon ancien maître et vénérable ami ; il accourt tout ému, et me dit : « Savez-vous bien ce qui se passe? — Quoi? on s'égorge dans les rues? — Non, c'est un tout autre événement! la nouvelle est arrivée aujourd'hui d'Angleterre à l'Académie des sciences. Voici le fait : il y a un nouveau télescope, et toutes les nébuleuses *sont résolues !* tout ce qui est visible dans le ciel est résolu. Il n'y a plus de nébuleuses proprement dites, il n'y a que des amas d'étoiles ; même les nébuleuses en spirales sont des amas d'étoiles. »

Or, Messieurs, voici la portée de cet événement scientifique : laissant de côté la question, douteuse encore, des nébuleuses proprement dites, il est certain du moins que plusieurs nébuleuses en spirales sont des amas d'étoiles. Or les spirales sont des systèmes nécessairement instables, dont toutes les lignes tombent sur le centre, et ces lignes sont des lignes dont tous les points sont des étoiles. C'est donc à dire qu'aujourd'hui, Messieurs, nous voyons de nos yeux des amas de millions d'étoiles occupées à tomber sur un centre commun.

En sorte que, non-seulement, comme le dit l'Évangile, les étoiles tomberont du ciel, mais, si la science actuelle a raison, il est des régions de l'espace où, en ce moment même, elles tombent du ciel, et nos yeux le voient. De sorte que j'aurais assez vécu pour voir moi-même, par mes propres yeux, l'Évangile palpablement réalisé en ce point qui semblait impossible.

Telle est l'histoire de ce fantôme. Il en faut étudier quelques autres. Celui dont je viens de parler rentrait dans le grand fantôme scientifique qui abuse du glorieux nom de Galilée. Vous allez voir l'étrange inanité de ce dernier. Qu'est-ce qu'a démontré Galilée? que la terre tourne autour du soleil, non le soleil autour de la terre. Que disait la sainte Écriture ? « Soleil, arrêtez-vous! » *sol, sta;* donc elle se trompe, dit le fantôme. Réponse : L'Écriture sainte parle comme parlent aujourd'hui les astronomes eux-mêmes dans les traités d'astronomie, comme les hommes parleront toujours. Le soleil monte et redescend, il se lève et se couche. On ne peut parler autrement : voilà la difficulté résolue.

Mais alors, direz-vous, pourquoi l'Église a-t-elle condamné Galilée? l'Église s'est donc trompée? Réponse : L'Église n'a pas condamné Galilée : une commission de théologiens s'est trompée, quoi d'étonnant? Nulle assemblée particulière de théologiens n'est infaillible, ni en théologie, ni surtout en astronomie ; là même ils sont incompétents.

Cette commission, qui s'est trompée , a produit en effet un long scandale ; elle s'est trompée, parce qu'elle a oublié le sage conseil qu'a donné saint Thomas d'Aquin , précisément à propos du firmament et de la Genèse : « L'Écriture « sainte, dit-il, a plusieurs sens possi« bles. Qu'on ne s'attache donc pas si « précisément à chaque sens que si , par « une démonstration rationnelle certaine, « l'un des sens supposés est prouvé « faux, on ose pourtant encore soute« nir ce sens-là. Les incroyants alors se « moqueraient de l'Écriture , et vous « leur fermeriez le chemin de la Foi [1]. »

---

[1] Ire Quæst. xlviii cap. : Cum Scriptura divina multipliciter exponi possit, nulli expositioni aliquis ita præcise inhæreat ut, si certa ratione constiterit

Ainsi parle la vraie théologie, et si, dans le procès de Galilée, la commission théologique a eu le tort d'en agir autrement, Rome a depuis, en présence de la démonstration rationnelle certaine, abandonné le faux sens scripturaire, et l'on a rayé de l'index l'injuste condamnation de Galilée.

Voici d'autres fantômes que je vous prie de regarder en face ; ils se nomment l'exégèse et la science allemande, le surnaturel, le miracle, les lois de la nature, et la maxime : « Hors de l'Église, point de salut. »

Voici comment on crée le fantôme de la science allemande. Parmi les exégètes allemands les plus célèbres, on com-

hoc esse falsum quod aliquis sensum Scripturæ esse credebat, id nihilominus asserere præsumat. Ne Scriptura ex hoc ab infidelibus derideatur, et ne eis via credendi præcludatur.

mence par exclure, comme s'ils n'étaient ni savants, ni Allemands, ceux qui soutiennent l'authenticité des saints livres ; puis on nomme simplement science allemande l'opinion de ceux qui la nient. Voilà le fantôme établi. Puis on le fait marcher et même articuler ces mots : « La science ! la science dit, la science « montre ! »

Au lieu de dire *la science allemande*, Messieurs, il faudrait dire l'*École de Tubingue* en Allemagne. Mais cela même ne serait pas exact, car il ne s'agit en effet que de l'*École de Baur à Tubingue*. La vérité a toujours eu ses défenseurs dans la faculté catholique de Tubingue. Herbst, Möhler et Welte y ont professé en face de Strauss et de Baur, et c'est là que professent aujourd'hui les docteurs Kuhn, Aberle, Hefele et Himpel [1]. On

[1] Voyez, à ce sujet, l'excellente *Introduction au*

ne parle pas de ceux-ci, parce que le sens commun n'a pas d'histoire ; mais Strauss a rempli le monde de son nom, parce qu'il était absurde.

Qu'est-ce que l'école de Baur ? c'est la triste héritière de Hegel. Sa doctrine, c'est l'hégélianisme, c'est-à-dire la sophistique appliquée à l'exégèse [1]. C'est l'école dont un célèbre philologue allemand, Ewald, qui n'est ni catholique ni protestant, mais rationaliste, a déclaré, dans sa très-légitime indignation, « qu'elle est reconnue comme *la honte « et l'opprobre de la science allemande.* » De sorte, Messieurs, que ce que l'on appelle encore trop souvent parmi nous la science allemande n'est, suivant

Nouveau Testament du P. de Valroger, t. I, p. 520, et t. II, p. 541.

[1] J'ai étudié l'un des essais de cette application dans ma *Sophistique contemporaine*, 1re partie.

M. Ewald, le plus savant exégète rationaliste de l'Allemagne, que la « honte et
« l'opprobre de la science allemande. »

C'est au nom de l'école de Tubingue
que l'on écrivait récemment : « Au point
« de vue d'une critique sévère, l'authen
« ticité de l'évangile de saint Jean est
« bien difficile, sinon impossible à dé-
« fendre. » Celui qui parle ainsi, j'espère, défendra un jour cette authenticité.
Mais ici c'est Tubingue qui attaque. A
quoi M. Ewald répondait d'avance : « Il
« n'y a pas dans toute l'antiquité un ou-
« vrage dont l'authenticité soit mieux
« démontrée. » Il va plus loin, et affirme que cette authenticité est tellement manifeste, « *qu'il n'y a qu'un fou*
« *qui en puisse douter.* » Si les rationalistes allemands ne sont pas plus d'accord
entre eux, évidemment ils se neutralisent, et il reste, comme vraies expres-

sions de la science allemande, les grands exégètes et philologues catholiques et protestants, qui établissent avec une science profonde l'authenticité des saints livres.

Mais je n'accorde pas même que les rationalistes se neutralisent ; je soutiens que M. Ewald, à lui seul, malgré son humeur belliqueuse, a plus d'autorité que toute cette école de Tubingue, qu'il a parfaitement raison d'appeler « l'oppro-« bre de la science allemande. » Comme philologue, comme érudit, il n'a pas d'é-gal dans cette école ni dans aucune école rationaliste. Si arbitraire d'ailleurs que soit trop souvent sa critique, elle res-pecte, plus que celle de Tubingue, le texte, la tradition, le sens commun. Ce que je dis de M. Ewald, je pourrais le dire de M. Bunsen, non moins opposé que lui aux fantaisies paradoxales de Baur

et de ses disciples. Enfin M. Ewald est désintéressé dans ses recherches, tandis que l'école de Tubingue met un risible intérêt de système à retrouver dans les Évangiles *les trois moments dialectiques,* dont vous savez les noms : *thèse, antithèse, synthèse.* Il lui faut donc un premier christianisme qui soit la thèse, un second qui soit l'antithèse, et un troisième qui soit la synthèse. De là d'incroyables efforts pour ranger les faits sous cette loi; de là l'introduction d'un nouvel Évangile, celui de Marcion, pour mieux faire saillir l'antithèse. Quant à l'Évangile de saint Jean, on le rejette comme contraire au système. C'est bien la méthode de Luther brûlant l'Épître de saint Jacques, parce qu'elle renversait sa doctrine sur les œuvres. N'est-ce pas là peut-être ce qu'Ewald appelle « oppro-
« bre et honte? »

Ne reculez donc plus, Messieurs, devant le fantôme de la critique allemande. Faites-le fuir en le regardant.

Dirons-nous cependant que la critique des livres saints n'ait en rien modifié l'opinion de ceux qui croyaient à l'inspiration absolue de chaque mot et de chaque syllabe, comme si le tout sortait actuellement de la bouche de Dieu même ? Cette opinion a toujours été en minorité dans l'Église. Elle fut soutenue, comme par exception, à Louvain (1670). Il est clair, en tous cas, que les traductions n'ont pas ce privilége. Il est certain d'ailleurs que bien des manuscrits ont pu être altérés. Il y a eu des fautes, des interpolations. Ne faut-il pas avouer, par exemple, que nous n'avons plus les chiffres primitifs, puisqu'il y a trois chronologies différentes pour l'âge patriarcal ? Le concile de Trente parle de la sainte Écriture comme étant l'œuvre de Dieu, *opus Dei*, mais ne précise pas autre chose. Or l'homme, dès l'origine, n'a-t-il pu introduire des altérations dans cette œuvre? L'Écriture sainte, dit saint Augustin dans son amour pour la parole de Dieu, l'Écriture sainte est « un autre corps du Christ. » Rien de plus juste. Or je me suis quelquefois demandé si, poursuivant la comparaison, l'on ne pourrait pas dire : Ce corps verbal du Christ n'est pas par sa nature plus incorruptible que l'autre, dont la foi nous apprend ceci : *Christi corpus est humanum... Christus humanis affectibus, doloribus, et corruptioni obnoxius fuit ex naturæ suæ conditione.* Je me borne à poser ici cette question ; je laisse à de plus compétents que moi le soin de la résoudre. Ce qui est nécessaire et suffit, ce que l'Église exige de notre Foi, c'est de croire « que Dieu, par l'assistance spé-

« ciale du Saint-Esprit, a veillé sur les
« écrivains sacrés, et les a préservés de
« toute erreur, soit sur le dogme , soit
« sur la morale , soit sur les faits essen-
« tiels [1]. » Dieu a préservé la substance
du texte sacré des altérations qui eussent diminué sa valeur religieuse.

On se trompe donc, d'abord en sup-
posant que l'Église enseigne comme article de Foi l'inspiration absolue de
chaque mot et de chaque détail ; puis,
lorsque la critique enlève un mot ou un
détail, on croit toute l'Écriture sainte
renversée. Ce qu'il faut croire de la sainte
Écriture, c'est la grande parole de saint
Pierre : *Habetis propheticum sermonem
cui bene facitis attendentes, donec Lucifer oriatur in cordibus vestris*, c'est-à-
dire, regardez la forme de l'Écriture jus-

[1] *Dictionnaire théologique* de Bergier, article *Inspiration.*

qu'à ce que s'allume dans vos cœurs la lumière même de l'Esprit-Saint. Ce qu'il faut dire encore, c'est que l'Écriture isolée n'est pas tout. Sans le commentaire vivant de l'Église qu'assiste le Saint-Esprit, le texte sacré ne suffit pas. La lettre n'est pas la vie, la lettre n'est pas la lumière. Ce qu'il faut dire enfin, c'est que la Bible est et demeure le livre de Dieu, le livre sacré et inspiré ; les autres viennent des hommes. Le Verbe s'est fait chair en Jésus-Christ ; dans la Bible il s'est fait écriture. C'est le livre de la vie de Dieu, le livre de cette troisième vie à laquelle l'homme est appelé.

Que si l'on demande maintenant quels sont les résultats derniers et acceptés de tous, de cette critique des origines du christianisme à laquelle on travaille dans toute l'Europe, en voici deux considérables. Le premier, c'est que la tentative de

Strauss est manifestement une tentative manquée. Ceci est accordé de part et d'autre. L'histoire réelle, comme on l'a fort bien dit, s'est révoltée contre cet effort avec une puissance indomptable. Mais le plus important résultat est celui-ci, c'est que, comme s'expriment des critiques encore beaucoup trop négatifs, « vers la fin du second siècle, au temps « d'Irénée et de Tertullien, il existe une « Église catholique organisée, répandue « dans toutes les provinces de l'empire et « au delà, une, *ou du moins croyant l'être*, « dans sa doctrine et sa discipline, et di-« rigée par des évêques en possession « d'une règle de foi *assez* semblable à « celle que nous appelons aujourd'hui le « symbole des Apôtres. » Pesez, Messieurs, les conséquences d'un pareil fait, absolument consolidé par les efforts de la critique pour le détruire, et accordé par ceux qui accordent beaucoup trop peu. L'une des conséquences, c'est que la critique ennemie recule maintenant et reculera de plus en plus vers l'antiquité et l'authenticité traditionnelle des livres du Nouveau Testament.

Autre fantôme : le *surnaturel*. Ce fantôme se crée ainsi qu'il suit : on définit le *surnaturel* « ce qui est contraire à la nature « des choses. » Or, ce qui est contraire à la nature des choses, c'est l'absurde et l'impossible métaphysique. Donc nous ne discutons pas même le surnaturel ; il est nul et non avenu. Telle est la thèse adverse. Je la trouve excellente, et je l'admets, si le surnaturel est *ce qui est contraire à la nature des choses*. Mais si le surnaturel est « *ce qui est de nature divine et au-dessus de toute nature créée,* » alors, pour admettre le surnaturel, il suffit de croire en Dieu ; il suffit de sa-

voir, avec Aristote, qu'il y a trois essen-
ces, DEUX NATURELLES, l'autre IMMUABLE;
cette dernière au-dessus des deux naturelles, en d'autres termes *surnaturelle*.
En effet, ceux qui, aujourd'hui, nient le
surnaturel, reconnaissent que si Dieu
existe, le surnaturel est donné. Ce fantôme n'était donc qu'une fausse définition.

Enfin, Messieurs, un odieux et très-
tenace fantôme, c'est celui qui se cache
dans ces mots : « Hors de l'Église, point
de salut. » On prétend que l'Église catholique enseigne ceci : « Hors de l'Église
matérielle et visible, point de salut possible, même dans le cas d'ignorance ou
d'erreur invincible. » Eh bien, non ! jamais en aucun siècle, en aucun lieu,
l'Église n'a enseigné cela. Voici le sens
de la formule : Hors de l'Église, c'est-à-
dire hors de l'assemblée, visible ou invi-

sible, des hommes unis entre eux et avec
Dieu, hors de cette assemblée, point de
salut. N'est-ce pas évident par l'énoncé
même [1] ?

Qu'est-ce qui serait incroyable et
odieux ? Ce serait un dogme qui ensei-
gnerait que, hors de l'Église matérielle
et visible, il n'y a point de salut possible,
même pour l'homme de bonne foi. Mais
qu'on cite un théologien qui n'enseigne
pas le contraire. Saint Augustin dit tout
par ces paroles : « L'Église est extérieure
« et intérieure. Beaucoup paraissent de-
« dans et sont dehors, beaucoup pa-
« raissent dehors et sont dedans. » Il y
a, dit la Théologie, le corps et l'âme de
l'Église. Hors de l'âme de l'Église, point
de salut. Mais nul n'a jamais dit : Hors
du corps de l'Église, hors de l'Église

---

[1] Voyez la *Philosophie du Credo*, le commencement du Dialogue V^e.

visible, point de salut. Mais qu'est-ce que l'âme de l'Église? C'est l'ensemble invisible de tous les justes : *Omnes et soli justi ad animam Ecclesiæ pertinent.* Il est clair qu'il en faut faire partie pour être juste, en d'autres termes, uni à Dieu, et, en d'autres termes, sauvé. Car qu'est-ce que le salut? L'union à Dieu et aux autres hommes, union qui seule constitue la vie éternelle.

L'origine des fantômes, Messieurs, c'est la nuit, la nuit intellectuelle, l'ignorance. L'ignorance de nos dogmes dépasse ce que vous pouvez supposer. De tous les écrivains qui aujourd'hui, en France, attaquent la religion, je nie absolument et publiquement qu'il y en ait un seul qui connaisse la doctrine qu'il attaque. On se crée à son gré un dogme fantastique, ridicule, insoutenable, absurde, odieux, que l'on compose de sa passion et de son ignorance, puis l'on s'élance sur ce fantôme et l'on s'écrie : Le voilà renversé ! Que si nous réclamons, et si nous montrons la lumière et la beauté du dogme, on nous répond : « Ce n'est pas cela. » Si nous disons : « Le Christianisme n'est pas absurde, » on nous répond : « Vous n'êtes plus chrétiens. » Telle est aujourd'hui contre nous la forme de la polémique.

Mais entendez-moi bien, Messieurs, je suis loin de prétendre que parmi toutes les voix qui s'élèvent contre nous, il n'y ait qu'ignorance et passion. Il y a, certes, il y a trop souvent ignorance et passion ; mais il y a aussi souvent demi-science et bonne foi. Et nous-mêmes, d'ailleurs, connaissons-nous assez toute la beauté, toute la splendeur, toute l'étendue, toute la solidité de notre Foi? Nos ignorances n'engendrent-elles pas souvent celles de nos adversaires? nos commentaires absurdes ne les trompent-ils pas trop souvent?

Or, essayons de remonter ensemble jusqu'à la cause de ces malentendus et de ces injustices. Ceci rentre dans le cœur même de notre sujet : Crise de la Foi. Tout cela s'explique, en effet, par la crise que nous traversons et par l'âge intellec-tuel de l'Europe.

TROISIÈME PARTIE.

Vous le voyez, Messieurs, il n'y a pas de proportion entre l'inanité de ces fantômes et la juste et nécessaire solidité de votre Foi. Mais alors qu'est-ce que cette grande crise de la Foi que traverse l'Europe? quelle en est la cause historique et quel en est le but providentiel ?

Leibniz, Messieurs, je vous l'ai déjà dit souvent, a vu, et comme prophétisé le tout.

Leibniz, vers la fin du dix-septième siècle, écrivait à Arnauld : « Un siècle phi-« losophique commence où nous allons « voir se répandre en dehors des écoles, « et chez les hommes du monde, un « zèle inquiet pour la vérité scientifique.

« Si l'on ne sait satisfaire ce besoin, il
« faut désespérer de la propagation du
« Christianisme. La religion va devenir
« de plus en plus factice : rien ne sera
« plus favorable à l'athéisme qui ap-
« proche, ou du moins au naturalisme.
« La Foi chrétienne, déjà chancelante
« en beaucoup d'esprits, étendus mais
« pervers, sera déracinée dans ses fon-
« dements [1]. »

Leibniz ajoute qu'une science plus
avancée peut satisfaire, jusque dans les
derniers détails, à la défense des dogmes
chrétiens et catholiques, et il ajoute qu'il

[1] Sæculum philosophicum oriri, quo cura acrior
veritatis extra scholas, etiam in viros reipublicæ natos
diffundatur ; his nisi satisfiat, desperatam religionis
veram propagationem esse ; magnam conversionum
partem fore palliatam ; nihil efficacius esse ad confir-
mandum atheismum, aut certe naturalismum inva-
lescentem, et subruendam a fundamento apud multos
et magnos sed malos homines labescentem religionis
christianæ fidem (*Lettre à Arnauld*, 1671).

entrevoit cette science. Moi aussi, j'ose en dire autant.

Mais je crois que Leibniz n'exprime ici que l'extérieur du fait. Voici, je pense, le fond des choses : c'est qu'il y a, dans cette épreuve que traverse l'Europe, le germe d'un progrès. C'est ce qu'évidemment Leibniz espère aussi, lorsqu'il parle, dans la même lettre, de cette science qui justifiera tous les dogmes. La chrétienté doit aujourd'hui, par la force des choses et par la volonté de Dieu, passer de la Foi de l'enfance à la Foi de l'homme fait. Ce passage de l'enfance à la virilité, dans l'ordre de la Foi, est partout indiqué, dans la tradition chrétienne, comme désirable, possible, nécessaire, comme le but du progrès.

Saint Paul en parle lorsqu'il dit : « Ne « soyons donc plus des enfants qui flot- « tent à tout vent de doctrine, mais tâ-

« chons d'arriver enfin à l'union dans la
« Foi, à la vraie connaissance du Christ,
« à la stature de l'homme parfait. » *Do-*
nec occurramus omnes in unitatem fidei,
et agnitionis Filii Dei in virum perfec-
tum, in mensuram ætatis plenitudinis
Christi[1].

Origène en parlait, lorsqu'il disait à
ses auditeurs : « Il s'agit maintenant pour
« nous de transfigurer l'Évangile sensi-
« ble en Évangile intelligible, et dans
« l'Évangile temporel de voir l'Évan-
« gile éternel. » L'Évangile éternel,
Evangelium sempiternum!

Notre grand Oratorien, Thomassin,
après avoir cité ces paroles d'Origène,
les commente ainsi[2] : « Oui, dit-il, c'est
« ce dont il s'agit ; sans quoi nous ne
« secouerons pas l'enfance intellec-

[1] *Ephes.*, IV, 13.
[2] *Theol. dogm.*, lib. I, cap. x.

« tuelle, nous n'arriverons pas à la sa-
« gesse adulte, à la maturité chrétienne.
« Dans notre Évangile corporel, tem-
« porel, historique, il faut savoir lire
« l'Évangile éternel et intelligible, qui
« est dans le premier comme l'esprit
« dans la lettre, et comme l'âme dans
« la chair. Voilà ce qui est nécessaire si
« l'enfance doit passer, si l'esprit doit
« entrer dans son adolescence. »

Tout cela est conforme à la grande
théorie du progrès de saint Vincent de
Lérins. Ce beau texte vous est trop
connu pour que je le répète ici (1).

Mais nul, peut-être, n'a mieux montré la différence entre la Foi obscure et
la Foi lumineuse, celle qui est littérale
et celle qui est développée en esprit et
en vérité, que ne l'a fait, dans son beau

' Voyez la *Philosophie du Credo*, Dialogue cin-
quième, n° V.

Traité de la raison et de la Foi, le Père Perrone, lorsqu'il nomme la Foi objective et historique, et puis la Foi savante et développée, et affirme que la Foi est « un germe toujours capable d'évolutions « nouvelles. » *Germen est quod ulterioris semper evolutionis capax est.*

« De même, dit l'éminent théologien, « que le monde visible est sous nos « yeux, et que Dieu nous le montre, « non pour que nous nous bornions à « le voir, mais afin que, par le travail « et l'analyse intime, nous arrivions à « en découvrir les lois et les rapports, « puis à nous emparer de ses forces et « à les appliquer, et surtout pour que « nous apprenions à y voir Dieu ; de « même ce monde divin et surnaturel, « que la Foi historique constitue, ne « nous est pas seulement donné pour en « voir la forme objective et nous y ar-

« rêter ; mais il nous est donné pour le
« creuser par l'intelligence, en éclairer
« les profondeurs et apprendre à dé-
« couvrir et à saisir la substance qui est
« sous l'écorce. Et de même que la
« connaissance intime et scientifique de
« l'univers nous donne une beaucoup
« plus auguste idée de Dieu, de même
« la profonde élaboration scientifique
« du monde surnaturel nous donne de
« Dieu et de la religion une beaucoup
« plus sublime idée [1]. »

Quelle admirable comparaison, Messieurs ! Voici le monde visible créé de
Dieu. L'homme le regarde par l'œil du
corps, et en voit la beauté apparente ;
puis, peu à peu, il le sonde par l'intel-

---

[1] Pars 3ª, cap. iii, développement de cette importante proposition : *Potest præterea humana ratio
doctrinam fidei ad tractationem vere scientificam eve-
here.*

ligence, et alors il le trouve cent et mille fois plus beau, plus grand, plus digne de Dieu. De même, pour cet autre monde de la grâce, ce monde de la foi objective et historique, Dieu nous met sous les yeux sa première beauté apparente, la seule, presque, que la masse des hommes ait saisie jusqu'ici. Mais cette première beauté n'est rien si nous la comparons à l'immense beauté qu'y découvrent et qu'y découvriront de plus en plus les adorateurs en esprit et en vérité.

Pensez, Messieurs, aux deux manières dont les hommes contemplent le ciel étoilé : l'une par les yeux seulement, l'autre par les yeux et la science. L'œil, du premier regard, voit leur splendide beauté; mais la beauté que voit la science dépasse mille et mille fois l'éclat de ces belles apparences que les

animaux voient comme nous. C'est le
même ciel dans les deux cas. Mais l'œil
ne voit que la belle voûte, tout étincelante de diamants, qui nous enveloppe
et dont nous sommes le centre; la
science voit l'armée des soleils, centres
de vie qui fécondent l'espace, qui gou-
vernent et vivifient les mondes, et qui
luisent avec enthousiasme sous l'œil de
Dieu.

Oui, la Foi objective et historique
et la lettre du dogme peuvent être aussi
comprises de deux manières. C'est le
même dogme dans les deux cas. Le
même objet est sous nos yeux. C'est la
même substance implicite donnée de
Dieu au fond de l'âme. Mais les lumières que donne la lettre à l'enfance de
l'esprit ne sont rien, comparées aux clartés sans fin qu'y peut puiser l'adoration
et la contemplation en esprit et en vé-

rité. Et les premières applications que le genre humain a su faire, jusqu'ici, des vérités de la Foi, pour gouverner le monde dans la justice, ne sont rien comparées aux forces surnaturelles indéfinies qu'il en peut tirer à mesure qu'il avancera dans la science de la Foi.

Il me semble même quelquefois que, jusqu'à présent, le monde moderne n'a rien fait pour exploiter vraiment le Christianisme.

Les hommes n'y comprennent encore rien, et n'en savent encore rien tirer. Un très-grand nombre n'en voient même pas la première beauté apparente, comme fait l'œil pour le ciel. Il est même certaine manière étrange de le regarder, qui n'aperçoit dans tout son dogme qu'obscurité, laideur, infirmité, mort ou stérilité. Je me souviens des années où, moi-même, je voyais sous ces apparences le Christianisme et l'Église catholique.

Or, écoutez ceci. Un enfant trouve un jour, dans un parc élégant, une pierre noire égarée sur le beau sable fin. L'enfant saisit la pierre qui lui noircit la main, et la rejette avec humeur. Père, dit-il, qu'est-ce que cette vilaine pierre noire ?

Mon enfant, dit le père, cette pierre est un diamant.

Cette pierre est un don magnifique que nous fait le soleil. C'est la force même du soleil, c'est sa chaleur, c'est sa puissance accumulée, devenue pierre pour nous servir, nous éclairer, pour nous donner des forces cent et mille fois plus grandes que celles de tous les hommes et de tous les grands animaux qui travaillent pour l'homme. C'est cette

pierre qui nous aide à exploiter ce globe
et à le transformer.

L'enfant ne comprit que bien peu, mais
fut ému : et vous, Messieurs, vous comprenez, et vous serez émus bien plus
profondément que cet enfant quand vous
saurez et comprendrez que ces forces
physiques prodigieuses, ces dons merveilleux du soleil, ne sont que le symbole
des dons surnaturels de Dieu, des forces
divines de foi, de lumière, de mouvement, de liberté, d'élan, que l'éternel
soleil de Dieu ne cesse de vouloir dé-
poser au fond des âmes, et a déjà dépo-
sées en effet dans le cœur de l'humanité. Et comme ces pierres de feu sont
véritablement les mouvements du soleil
lui-même, recueillis, rendus disponibles,
et gratuitement surajoutés aux forces qui
sont sur la terre ; de même aussi la force
de Dieu même, du Dieu qui peut créer

et peut régénérer, qui porte et qui dirige la terre et tous les mondes, cette force même nous est donnée gratuitement, surajoutée aux faibles forces de nos esprits et de nos cœurs. Et tout cela est recueilli et rendu disponible dans ce dogme concis et obscur, et dans ces sacrements, et dans cet Évangile, et dans cette Église catholique qu'aujourd'hui des enfants rejettent avec humeur, comme déparant et entravant notre belle civilisation. Oui, tout cela est dans cette pierre encore inexploitée qui est le Christ, *Petra autem erat Christus :* ressource divine et infinie, dont les hommes n'ont encore rien tiré : *usque modo non petistis quidquam.*

Mais le temps vient, Messieurs, et c'est là l'espérance de ma vie, le temps vient où ces glorieux mystères seront moins inconnus et moins stériles. Or la grande crise de Foi que traverse le monde aura pour effet, si elle se termine par la vie, de transformer la pierre noire en diamant, ou plutôt en lumière, en force et en travail ! Et il me semble que le Saint-Esprit, toujours appelé par l'Eglise, va nous faire souvenir de ces paroles du Christ : « J'ai encore beaucoup « à vous dire, mais vous ne pouvez pas « le porter maintenant. Mais, quand « l'Esprit de vérité viendra, il vous en- « seignera toute vérité. C'est lui qui me « glorifiera, lui qui vous enseignera tout, « et vous fera souvenir de tout ce que je « vous ai dit. » Oui, c'est le Saint-Esprit qui mettra en lumière les données primitives du Christ, et nous fera comprendre ce qui, depuis longtemps, nous était dit.

Donc la crise d'incrédulité ne m'effraye pas, bien au contraire. D'étranges et difficiles paroles du Nouveau Testament, de saint Paul et de Jésus-Christ lui-même, m'expliquent jusqu'à un certain point le tout ; et, sans le bien comprendre, j'entends saint Paul annoncer l'incrédulité à venir comme un passage et une épreuve qui doit mener le monde à une vie plus haute dans la foi : *Omnia conclusit Deus sub incredulitate ut omnium misereatur*. Il parle ainsi en annonçant l'époque où le peuple de Dieu primitif, après sa phase d'incrédulité, retrouvera la lumière et la Foi, et sera de nouveau inséré sur l'arbre du royaume de Dieu, dont il était la tige, et, par ce grand retour, ranimera la vie du monde : *Quæ assumptio eorum nisi vita ex mortuis*[1] ?

J'entends saint Paul dire ailleurs de l'alliance nouvelle, qu'elle ne sera plus

[1] *Rom.*, xi, 15.

dans la lettre, mais dans l'esprit ; car la lettre, dit-il, la lettre tue et l'esprit vivifie ; et il montre le peuple chrétien vivant en Dieu, qui est esprit, et dans l'esprit de Dieu, qui est la liberté. Il montre le peuple chrétien comme destiné à contempler sans voile la face de Dieu, à être transformé de clartés en clartés, *a claritate in claritatem*, dans cette contemplation par l'esprit du Seigneur [1]. Saint Paul indique ainsi la limite idéale du progrès, à partir de la lettre obscure, de la lettre mortelle si elle est isolée.

J'entends saint Pierre, parlant de la lettre des Écritures, dire aux fidèles : *Habetis propheticum sermonem, cui bene facitis attendentes donec Lucifer oriatur in cordibus vestris.* Il distingue ainsi nettement les deux états des âmes fidèles,

[1] II *Cor.*, iii, 17.

l'un qui regarde surtout la lettre en attendant, et l'autre qui regarde surtout l'Étoile même et la Lumière même, quand elle se lève dans les cœurs. Ce Lucifer, ce porte-lumière dont parle saint Pierre, c'est le Verbe incarné.

Jésus, dans l'Évangile, parle de même à ceux qui croient posséder la vie éternelle dans l'Écriture, laquelle n'est pas cette vie, car elle n'en est que le témoin : *Scrutamini scripturas quia vos putatis in ipsis vitam habere, et illæ sunt quæ testimonium perhibent de me.* C'est là l'état des âmes qui croient que la lettre est la vie, et qui n'ont pas en eux le Verbe même de Dieu, et ne veulent pas aller au Verbe pour avoir la vie : *et Verbum ejus non habetis in vobis manens, et non vultis venire ad me ut vitam habeatis.* Il y a donc un autre état, celui des vrais adorateurs en esprit et en vérité, qui

8.

ont le Verbe de Dieu demeurant en eux, et vont à lui pour avoir la vie. Ailleurs Jésus enseigne la même chose lorsqu'il va jusqu'à dire : « Voici la vérité, il « vous est bon que je m'en aille ; car, si « je ne m'en vais pas, le Paraclet ne « viendra pas à vous. Si je m'en vais, « je vous l'enverrai [1]. » En sorte que sa présence corporelle, personnelle, objective, historique, littérale, doit disparaître quand doit venir l'Esprit. C'est ce qu'exprime le même Évangile en d'autres termes : « L'Esprit n'avait pas encore été « donné, car Jésus n'était pas encore « glorifié. » *Nondum enim erat Spiritus datus, quia Jesus nondum erat glorificatus.* C'est-à-dire que le Christ lui-même, le Christ non encore transfiguré et glorifié, doit disparaître, doit être sacrifié pour être glorifié et envoyer l'Esprit.

[1] Joan., XVI, 7.

N'est-ce pas là le sens de cette autre parole répétée avec tant d'insistance : « Encore un peu de temps et vous ne « me verrez plus ; encore un peu de « temps et vous me verrez de nou- « veau ? » N'est-ce pas à dire que, lorsque l'âme change de vision, et passe de la vision externe à la vision interne, de l'enfance de la foi à sa virilité, il y a, entre les deux états, un intervalle d'obscurité ?

Ne serait-ce pas quelque chose d'analogue qui s'opère en ce siècle, dans les âmes et dans tout le genre humain ? Cet ébranlement de la Foi chrétienne, cette lutte entre la philosophie et la Foi, entre la Foi et l'ignorance, entre la dépravation et la Foi, entre la sincérité et la Foi ; cette lutte de forces bonnes et de forces mauvaises contre la Foi, c'est l'épreuve, c'est la crise, c'est la transition, c'est le passage, *Pascha*, *Phase ;* une sorte de crucifiement mystérieux de Jésus dans les âmes et dans la civilisation chrétienne. Pendant ce temps, les âmes qui s'attacheront solidement à lui, traverseront l'obscurité, l'angoisse, seront détachées de la lettre, je veux dire de la lettre morte, et verront s'élever dans leur cœur la lumière même, le Christ glorifié, et l'Esprit-Saint que donne le Christ glorifié.

Tout homme qui pense attend et annonce aujourd'hui cette transformation. Mais on l'entend bien diversement. Plusieurs parlent d'une religion nouvelle; d'autres prétendent maintenir toute la lettre de l'ancien dogme en lui donnant un sens différent ou contraire. D'autres attendent la chute de toute religion, et le triomphe de la raison sur les ruines de la religion. D'autres enfin ont déliré absolument, et annoncé une radicale transformation de la raison humaine, et un changement de la logique universelle. Tout cela est, ou mêlé d'erreur, ou absolument faux. Voici la vérité : le genre humain, par la crise de la Foi, est appelé à passer de la Foi obscure à la Foi lumineuse, de la lettre à l'esprit, de la science morcelée à la science constituée dans son ensemble, de la philosophie exclusive et tronquée à la philosophie entière, à la très-haute philosophie, étendue aux trois mondes et à la triple vie possible dans l'âme de l'homme.

Le genre humain est appelé à la vie virile de l'esprit exploitant les forces divines, les dons surnaturels de Dieu; à la vie de l'esprit vraiment régénéré, et saisissant enfin Dieu même, positivement présent, expérimentalement connu, Dieu assistant de ses secours illimités tout généreux effort tenté pour la transformation du monde dans l'ordre, dans la justice, dans la liberté, dans l'amour.

Telle devrait être, Messieurs, et telle sera, j'espère, l'issue de la crise de foi que traverse ce siècle.

———

CONCLUSION.

Je dis, Messieurs, que je l'espère, mais, malgré mon penchant à l'espérance, je n'ose pas dire que j'en suis certain. Je vois de bien déplorables symptômes de décadence morale et intellectuelle. Je vois baisser ensemble sur la face de la terre la raison et la religion. Je vois baisser le sens moral. Les vérités qui étaient acquises il y a trente ans semblent se perdre de nouveau. Ne voilà-t-il pas l'esclavage qui entreprend de relever la tête, et cette tête impudente et maudite ne rencontre-t-elle pas des gens qui la saluent? et ne voilà-t-il pas l'infâme polygamie, comme un autre point cancéreux sur la face de la civilisation, qui entreprend, unie à l'esclavage, de se réorganiser sur la terre? Et ne voilà-t-il pas, au cœur même de l'Europe, un retour des malédictions antiques, la guerre sauvage, la guerre d'extermination d'un peuple par un autre peuple?

Messieurs, la crise individuelle ne s'achève pas toujours : la crise universelle s'achèvera-t-elle? Combien d'individus demeurent éteints, consumés pour toujours dans la moelle de leur âme après l'épreuve du feu! Combien d'autres, dans l'épreuve de lumière, demeurent étouffés pour toujours dans la défiance et l'incrédulité! Et qui nous dit qu'il n'en sera pas de même pour le monde, et que notre humanité n'ira pas s'éteindre et mourir dans les ténèbres de la négation et la dissolution du vice? Grand Dieu! l'alternative serait possible! et ce choix dépendrait de nous! Il dépendrait de vous, ô mes chers bien-aimés, de choisir pour le genre humain, de choisir entre les deux voies ! Comme l'astre vague et sans orbite, qui va s'éteindre loin du soleil dans les ténèbres indéfinies, irons-nous loin de notre Dieu, nous éteindre dans l'ombre éternelle ? ou bien saurons-nous, par la force de la Foi humaine et de la Foi divine, resserrer l'attraction de nos âmes sur elles-mêmes et de nos âmes elles-mêmes sur Dieu ? Saurons-nous, par l'intensité souveraine d'une indomptable Foi, relever en chacun de nous le cœur humain, l'esprit humain, le courage humain, et la grande espérance de notre humanité : marche croissante du règne de Dieu en la terre comme au ciel ?

Courage, amis, achevez la crise, pour vous et pour le monde. Tenez bon dans l'épreuve et dans la tentation. Soyez absolument inébranlables et indomptables.

dans cette Foi nécessaire, où toute incertitude est ineptie et lâcheté. Bonté, confiance, courage, devoir, travail, ces splendides évidences de la beauté morale, n'êtes-vous pas décidés à leur donner avec transport votre esprit, votre cœur, votre vie et tout votre sang? Dieu ne demande certes pas autre chose, et il se charge alors d'être lui-même au centre de votre cœur, comme substance de la Foi divine, universelle, surnaturelle, comme Esprit saint inspirateur, consolateur, qui enseigne toute vérité; qui multiplie indéfiniment la lumière et les forces; qui glorifie et transfigure la vie présente et opère la vie à venir.

DEUXIÈME CONFÉRENCE.

Je suppose, Messieurs, que vous ayez traversé la crise sans mourir ; que votre âme ait conservé sa force et sa beauté ; que vous soyez restés dans la justice ; que la Foi divine et humaine se soit, en vous, maintenue et enracinée par l'épreuve : je dis qu'alors vous avez rempli les conditions évangéliques auxquelles les grandes promesses sont attachées : *Si manseritis in sermone meo*, dit le Verbe éternel, *cognoscetis veritatem, et veritas liberabit vos*. Je dis que de cette racine obscure de la Foi sortiront, pour vous et pour le monde, ces deux grands biens visibles, la Vérité et la Liberté.

Je voudrais vous montrer aujourd'hui comment la Foi devient lumière. Ou plutôt je voudrais vous exhorter vous-mêmes, Messieurs, vous, en ce siècle, à entreprendre avec un divin enthousiasme ce nécessaire travail de transformation. Je me trompe, il ne s'agit pas d'entreprendre, mais bien plutôt de terminer le grand travail que le génie de la chrétienté poursuit depuis plus de sept siècles. Il s'agit de sortir de ce que je me permets d'appeler le moyen âge, dans lequel nous vivons encore : le moyen âge étant pour moi cette époque seconde du développement chrétien, où la Foi cherche à se développer en lumière avant de se développer en liberté.

Heureux celui de vous, Messieurs, qui, libre encore de choisir sa carrière, consacrera sa vie à ce travail : ceci est le point même, le point précis sur lequel doivent porter aujourd'hui les efforts de tout homme qui veut servir le plus efficacement possible son pays et le genre humain.

Veuillez bien le comprendre, Messieurs : ici est le fond essentiel de toutes ces Conférences, que vous avez bien voulu écouter avec tant de bonté. Nous cherchions avant tout ceci : Sur quel point doit porter l'effort ? Et il nous a semblé que d'immenses forces se perdaient faute de connaître leur point d'application. Ce que n'ont pu ni la politique, ni la guerre, ni l'industrie, ni l'énorme puissance des nations soulevées, sera possible lorsqu'on connaîtra le ressort qu'il faut toucher pour mettre en

mouvement le poids du monde et la
force de Dieu. Or, de quel côté penche
le monde? où en est-il? Le monde chrétien arrive à l'âge de liberté : on souffre,
on lutte, depuis cent ans surtout, pour
y entrer. Mais pourquoi n'y entre-t-on
pas? pourquoi souvent semble-t-on re-
culer? Parce que la saison humaine pré-
cédente n'est pas finie. Nous n'avons
pas rempli la condition. Ce que Dieu
veut, c'est cette Liberté qui est fille de
la Justice et de la Vérité, et non « *cette
espèce de basse liberté* » dont parle Bossuet, liberté de hasard et de décadence,
mère de la servitude, fille de l'ivresse et
de l'orgueil, qu'Isaïe nomme résolûment
« couronne d'orgueil des ivrognes d'É-
« phraïm. » Or, sachez-le, nous n'en-
trerons dans l'âge de liberté que quand
nous aurons traversé l'âge de vérité;
c'est-à-dire l'âge de science suffisante

pour pouvoir supporter la liberté. Or, depuis plus d'un siècle, nous reculons absolument devant le point essentiel de la science. Nous nous liguons pour n'y pas venir. Comme saint Paul, nous regimbons contre l'aiguillon. Les hautes classes intellectuelles ne font pas leur devoir, et laissent durer, faute d'efforts efficaces pour répondre au doute religieux, le mauvais siècle philosophique annoncé par Leibniz. Nous reculons devant cette grande transformation philosophique, qui, pour le fond des choses, sera la dernière, et qui doit consister en ceci, savoir : Que Dieu lui-même sera compris et reconnu comme étant le suprême objet de l'expérience humaine. *Quærere Deum*, dit saint Paul, *si forte attrectent eum*. Nous ne voulons en aucune sorte admettre que la morale et la religion, qui sont précisément l'expérimentation pratique de Dieu, sont et doivent être, par cela même, non la majeure logique, mais la séve de la science, de la grande science d'ensemble, que l'on pourra nommer la *Connaissance de la Vérité*. Cette vérité, nous la fuyons, et tous nos efforts pour la fuir nous détournent de la Liberté, que nous croyons chercher avec ardeur.

Si tout cela est vrai, Messieurs, — et pour moi cela est visible comme le soleil, — il s'ensuit que le ressort caché, encore inexploré, qui seul peut mettre en mouvement pour nous le poids du monde et la force de Dieu, c'est l'effort qui achèvera, non pas en développement, mais en principe, la crise de vérité.

Et que manque-t-il à la recherche de la vérité pour avoir son entière organisation? N'avons-nous pas la vraie méthode? Depuis trois siècles, l'expérience et l'induction méthodiquement exploitées n'ont-elles pas produit des merveilles ? Oui, certes. Que manque-t-il donc ? L'une des racines de l'expérience, l'expérience divine, dont les règles ne sont autre chose que la morale et la religion. Il manque, comme source de vérité, l'expérience de la troisième vie, et son influx sur la science d'ensemble. Il manque ce que doit apporter la Foi, devenue lumineuse, c'est-à-dire la lumière de Dieu appliquée à toutes les directions de la pensée.

Faites attention, Messieurs, je ne dis point de vaines paroles. Je dis ceci : Comme il est pleinement acquis à l'esprit humain : 1° que l'expérience est la base de la science ; 2° que l'expérience n'est pas seulement extérieure et sensible, mais intérieure et psychologique ; de même, il faut que l'esprit européen admette que l'expérience peut être, en outre, religieuse et divine ; qu'il n'y a pas seulement expérience des corps, expérience de l'esprit, mais aussi expérience de Dieu. L'esprit humain, alors seulement, aura cessé d'être incomplet et presque mutilé dans ses trois racines nécessaires. Alors il sortira de la science partielle pour s'orienter et pour marcher vers l'ensemble de la vérité. Alors aussi la phase de liberté sera possible, et l'étonnant retard que souffre l'Europe depuis un siècle sera promptement réparé.

Ceci, Messieurs, est la conviction de ma vie. Nous pouvons, nous devons travailler en ce sens, et nous avons la possibilité, nous, aujourd'hui, de rendre au genre humain le service le plus éclatant peut-être qu'il ait jamais reçu d'aucun de ses enfants.

Ce service, dis-je, consiste à provo-

quer enfin, par nos efforts, l'entière organisation de la science. Plus d'exclusion,
plus de mutilation intellectuelle, plus
d'exclusion de la vie religieuse comme
base expérimentale.

La vie religieuse et divine est une des
trois vies nécessaires, universelles, dont
a vécu, dont veut vivre et vivra l'humanité dans tous les temps et dans tous les
lieux. C'est la plus haute, la plus profonde, la plus féconde et la plus forte
de beaucoup ; c'est la clef de voûte de
l'édifice philosophique, scientifique et
social.

Je veux essayer aujourd'hui, Messieurs,
de vous offrir comme le plan du travail ;
vous faire voir comment la vie religieuse
et divine peut et doit entrer dans la
science. Je veux vous montrer le chemin que l'on suivra. Je l'explore depuis
bien longtemps.

Voici, je crois, ce qui se fera.

Ce zèle inquiet de la vérité scientifique, *acrior cura veritatis*, dont parle
Leibniz, redoublera. Il y aura bientôt,
et j'espère, grâce à Dieu, y contribuer
par mes cris, un prochain soulèvement
des esprits pour sortir des ténèbres. On
voudra en finir, et savoir enfin si le crépuscule fantastique, douteux et orageux
dans lequel nous vivons est tout le terme
de notre soif du jour.

Ce soulèvement des esprits vers la
vérité ne sera pas l'effort des esprits cu-
rieux, mais l'élan des cœurs généreux
qui ne chercheront la lumière que pour
le bien des hommes.

On aura pour but de guérir l'esprit
humain, de guérir le corps humain, et
de guérir les sociétés humaines.

La lumière, ainsi demandée et cher-
chée, sera trouvée.

C'est au nom d'une Foi vigoureuse, en même temps divine et humaine, c'est au nom d'une pitié profonde pour les souffrances des hommes qu'on cherchera, et qu'on trouvera l'art d'ajouter aux sciences humaines la science de Dieu.

Les hommes évangéliques s'uniront et se ligueront pour vaincre, dans l'ordre intellectuel, les ennemis dont parle saint Paul, *rectores tenebrarum harum et spiritualia nequitiæ*. Et l'on croira qu'il est possible de chasser, par la science de Dieu, surajoutée aux sciences humaines, les démons qui obsèdent, aujourd'hui encore, l'esprit humain : *dæmones ejicite*.

En outre, on croira que l'on peut guérir le corps humain plus que par le passé, et que, les vertus de la Foi et les lumières de la science expérimentale de Dieu s'ajoutant aux admirables progrès des sciences de la nature, on réalisera, en un certain sens, la parole du Sauveur : *Infirmos curate.*

On croira aussi que l'on peut guérir plus complétement les sociétés humaines, on croira pouvoir enseigner aux nations les lois de la vie, non-seulement par le grand progrès des sciences sociales, mais aussi par l'application à la vie des nations de la science de Dieu et des lois divines dont Jésus dit : « Allez, enseignez « toutes les nations, leur apprenant à « pratiquer toutes les choses que je vous « ai dites. » *Euntes docete omnes gentes, docentes eos servare quæcumque mandavi vobis.*

C'est ainsi que la foi du monde moderne passera en lumière et se vérifiera dans ses applications.

Entrons dans le détail de ces applications :

A l'esprit humain,
Au corps humain,
Aux sociétés humaines.

PREMIÈRE PARTIE.

Je répète, Messieurs, que votre devoir
est de constituer enfin la vraie philosophie. La vraie philosophie existe, presque
depuis l'origine, très-certainement du
moins depuis Aristote et Platon, qui, avec
le goût sobre et parfait de la Grèce, ont
vu l'ensemble et les proportions. La philosophie existait, comme l'or existe,
comme les métaux existent, mais mêlée.
Aujourd'hui elle est délivrée par la critique, et par l'histoire de l'esprit humain.
La grande tentative sophistique de ce siècle, l'Hégélianisme, a mis l'erreur dans sa
lumière. L'erreur est mûre et séparable,
et quiconque aujourd'hui ne sait pas
opérer pour lui-même cette nécessaire

séparation, celui-là n'est pas arrivé à la pensée active et personnelle. C'est un enfant qui voit vaguement, et reçoit passivement l'impression des doctrines.

Il est donc possible de chasser aujourd'hui nettement et décidément les démons d'athéisme et de panthéisme, qui ont trop longtemps obsédé l'esprit humain.

Retenez bien, Messieurs, et tâchez d'arriver à la grande joie de comprendre par vous-mêmes la doctrine que j'annonce ici. Je dis : L'esprit humain arrive enfin à l'expérience de Dieu, dans l'ordre intellectuel. La parole de saint Paul se démontre aujourd'hui scientifiquement : « En lui nous nous mouvons ; en lui nous vivons et nous sommes. » J'ai développé ailleurs ces vérités, et je ne saurais insister assez, Messieurs, pour vous prier de les méditer. Méditez,

je vous en supplie, l'étonnante analyse
de Fénelon, analysant la raison et la volonté, et prouvant nettement ceci : « En
toutes choses, nous trouvons comme
deux principes en nous, l'un est nous-
mêmes, et l'autre est Dieu. » Au fond de
la raison il y a ce qu'en effet Fénelon et
Bossuet appellent la Raison-Dieu ; au
fond de notre libre volonté, la liberté et
la volonté qui sont Dieu ; au fond et à
l'origine de toutes nos forces finies, la
force divine infinie, créatrice et vivi-
ficatrice de la force finie correspondante ;
au fond de tout mouvement, même physique, le « moteur immobile, » c'est le
mot d'Aristote, le moteur immobile,
source première du mouvement ; au fond
de toute opération intellectuelle, l'opération première de Dieu, de Dieu « pré-
parateur de nos pensées », du « Verbe
qui porte tous les esprits. »

Et l'analyse des deux éléments que la scholastique nomme *causa prima* et *causa secunda* s'opère, dans tous les ordres de choses, précisément comme l'analyse scientifique du temps, de l'espace, du mouvement, laquelle sépare, méthodiquement et rigoureusement, de l'élément fini l'élément infinitésimal. C'est la même analyse, c'est le même procédé de la raison. Et ce procédé est même chose, sous forme méthodique et universelle, que l'antique démonstration de l'existence de Dieu par le mouvement, laquelle est, à son tour, la même chose que la démonstration cartésienne de l'existence de Dieu. Sous tout cela se retrouve l'identité du procédé fondamental de la raison, qui va de tout à Dieu [1].

Or cette démonstration de Dieu, com-

___

[1] Voir la *Logique*, t. I, l'Introduction, et t. II, ch. v, vi et vii.

prenez-le, est à la fois rationnelle et expérimentale. Elle est, d'une part, rationnelle comme la géométrie, de l'autre, cosmologique ou psychologique. Elle est à la fois psychologique et rationnelle, comme la géométrie, lorsque Descartes dit : « Je sens que je suis une chose imparfaite qui tends et qui aspire sans cesse à quelque chose de meilleur et de plus grand. Je tends vers l'infini actuel, qui est le le terme et la limite de ma tendance. Donc l'infini actuel, c'est-à-dire Dieu, existe. » Ce raisonnement a pour base le fait expérimental d'une tendance réelle de notre âme, et pour méthode ce procédé de la raison (que la raison emploie partout, toujours, même en géométrie) qui conclut de la série à la limite, et du fini à l'infini.

La démonstration, d'autre part, est à la fois cosmologique, et rationnelle comme la géométrie, lorsqu'à partir du mouvement physique (et le mouvement physique, il le paraît bien aujourd'hui, c'est la physique entière), lorsque, dis-je, à partir du mouvement physique, qui implique l'espace et le temps, on démontre l'existence nécessaire de l'Être infini, cause première et moteur immobile.

Cette thèse, Messieurs, je viens d'en relire l'énoncé et de le bien comprendre enfin dans l'œuvre étonnante de Newton : *Philosophiæ naturalis principia mathematica.* Cette thèse profonde et simple est le couronnement du plus grand monument scientifique qu'ait jamais élevé le génie humain. J'ai sous les yeux cet admirable *scholium generale*, si peu compris et quelquefois si grossièrement réfuté. Pour moi, j'y trouve enfin le résumé, suffisamment exact et suffisamment clair, du long travail de toute ma vie pour pénétrer le fond de cette question. Voici les paroles de Newton : *Durat semper* (éternité, racine du temps) *et ubique* (immensité, racine de l'espace), *et existendo semper et ubique, durationem et spatium constituit. Omnipræsens est, non per virtutem solam, sed etiam per substantiam. In ipso continentur et moventur universa.* Oui, en Dieu, comme principe d'espace, comme principe de durée, comme principe premier de toute force, de tout effet et de toute vie, en lui nous nous mouvons, nous vivons et nous sommes : *in ipso vivimus, movemur et sumus.*

En ce point même se trouve la double expulsion de l'athéisme et du panthéisme : de l'athéisme, puisque Dieu est scientifiquement et absolument démontré par expérience et raisonnement ; et du panthéisme, puisque la démonstration même de Dieu consiste dans l'analyse ou la séparation des deux principes qui se trouvent en toutes choses, du fini et de l'infini, de la série et de la limite; dans le contraste du temps et de l'éternité, de l'espace et de l'immensité, du mouvement et de l'immuable.

Mais, pendant que la même méthode détruit ensemble l'athéisme et le panthéisme, l'analyse établit la fondamentale vérité dont le panthéisme abusait, savoir : la toute présence de Dieu, et justifie ainsi le mot de saint Paul : « Il faut « le chercher, l'atteindre et le toucher, » *quærere Deum, si forte attrectent eum;* car nous vivons en lui, en lui radicalement distinct et tout présent. Oui, comme l'écrit un pieux auteur, Dieu est tellement partout et dans toute la nature, soit intérieure, soit extérieure, que c'est lui qui nous éclaire dans la raison plus que notre esprit même ; que c'est lui qui nous éclaire dans le soleil plus que le soleil même ; qui en tout aliment nous nourrit plus que l'aliment même. Ce fond de la prière, de la poésie et de la vie religieuse et mystique, c'est la science même : tous les efforts de l'esprit humain, toutes ses tendances et toutes ses lignes, convergent ici ; toutes se rencontrent et s'appuient en Dieu. Et je répète, avec les vrais mystiques : Notre vie est en Dieu, Dieu plénitude de tous nos moments, Dieu plénitude du moment présent.

Mais, Messieurs, ce que je viens de dire n'est que la première partie de l'œuvre philosophique, et le premier degré de la science de Dieu. Nous sommes arrivés à connaître Dieu expérimentalement et rationnellement comme cause

première de tout l'être physique, et de
tout mouvement, et de la vie de la raison. C'est jusque-là que peut et doit aller, en vertu de sa propre nature, l'esprit humain. C'est là d'abord ce que
vous êtes appelés, Messieurs, à établir
inébranlablement pour la gloire du prochain siècle philosophique. Mais cela,
vous ne le ferez pas si vous ne visez pas
plus haut. Ceux qui refusent cette lumière plus haute, que j'ai appelée, d'a-
près saint Thomas, *le plus haut degré de
l'intelligible divin;* ceux qui refusent de
la poursuivre, ceux surtout qui la nient
et qui la combattent, ceux-là sont privés
de la moindre, et n'obtiennent pas ce
premier degré de science divine dont je
viens de parler. La négation de la lumière surnaturelle de Dieu n'enferme
pas l'esprit dans la lumière humaine et
naturelle, elle le détourne de toute lu-

mière, le retourne contre la raison, le précipite dans la négation, l'athéisme et la sophistique. C'est un fait historique : l'expérience s'accomplit sous nos yeux.

Ainsi, Messieurs, vous avez à chasser encore cette espèce de perversité intellectuelle, ce principe de ténèbres, qui consiste dans l'isolement prémédité de la pensée, dans l'égoïsme philosophique. La langueur et l'infirmité intellectuelles du genre humain ne peuvent être guéries que si l'on parvient à chasser le grand démon séparateur, qui travaille sans cesse à l'isolement de l'esprit dans l'âme, et des facultés dans l'esprit; à l'isolement de chaque esprit loin de l'esprit des autres hommes, et surtout loin de l'esprit de Dieu. Il faut vaincre cet éternel travers, fruit d'un secret et profond défaut de confiance et d'amour, qui plie l'esprit à ne jamais vouloir regarder qu'en soi-même, jamais dans les choses ni en Dieu, ni dans l'esprit des autres hommes, ni dans le Saint-Esprit inspirateur. On ne veut pas sortir de soi. Pourtant, la vérité entière, la vérité vivante, ne s'obtiendra jamais que par l'union intellectuelle des hommes entre eux et avec Dieu. Le maître de la science divine, Jésus-Christ, a donné l'exemple et le précepte, et les principes écrits de cette philosophie divine que la pensée humaine peut tirer de l'esprit de Dieu. Il donne les bases de ce plus haut degré de l'intelligible divin ; il verse sur le monde les vertus intellectuelles inspirées, *virtutes intellectuales infusæ*. Il donne l'exemple et le précepte lorsqu'il s'écrie : « Ma doctrine n'est pas « ma doctrine, mais elle est la doctrine « de celui qui m'envoie. » Qu'est-ce à dire ? Cette doctrine ou cette science n'est-elle pas la sienne ? Oui, mais elle était d'abord la science de Dieu lui-même, et l'Homme-Dieu la reçoit du Père, et la déploie dans sa raison humaine : alors elle est bien sienne. Faites de même, nous dit-il. Écoutez bien d'abord tout ce que je vous dis ; puis gardez-le dans l'âme et peu à peu vous y verrez la vérité. Retenez mes préceptes, pratiquez-les, et alors vous verrez, par la pratique et l'expérience, que la doctrine est vraie, puisqu'elle porte des fruits lumineux, et vous saurez qu'elle est de Dieu : *Si quis voluerit voluntatem ejus facere, cognoscet de doctrina utrum ex Deo sit.* C'est donc bien l'expérimentation de Dieu qu'il faut, c'est l'expérience sainte et sacrée, qui n'est autre que la pratique de la morale et de la religion.

Et comment verrez-vous que sa doctrine est la doctrine de Dieu? Vous le verrez en Dieu, en Dieu que vous avez, par la pratique du devoir, expérimentalement touché et pratiqué. Accomplir le devoir malgré la pente vers soi, c'est préférer la pente vers Dieu à la pente vers soi; c'est s'être quitté un instant pour saisir Dieu. Cette clairvoyance en Dieu, cette vue et cette sagesse plus haute que notre esprit, comme ne cesse de le dire Platon, et comme le précise Aristote, c'est là ce qu'ont voulu, espéré et cherché les plus hauts génies dans toutes les périodes philosophiques. C'est là ce que veulent les mystiques; c'est là ce que le genre humain cherche à travers toutes les religions; c'est là ce qu'avaient en vue tous ceux qui ont parlé d'inspiration. INSPIRATION! est-ce un vain terme du langage humain? N'y a-t-il pas d'esprit inspirateur? Est-ce que je ne suis pas absolument certain que l'esprit des grands hommes m'a inspiré par leurs écrits? Est-ce que

11.

je ne puis pas nommer ceux qui ont modifié et formé ma pensée? Mais quoi! est-ce qu'en outre je n'ai pas expérimenté en moi-même l'effet vivant d'un autre esprit sur mon esprit? Est-ce que je n'ai pas eu des heures où la lumière coulait en moi sans moi, comme un torrent, et où la vérité me saisissait comme la main d'un ami saisit ma main? Mon esprit alors sent et sait qu'il n'est pas seul, comme ma main sait qu'elle n'est pas seule et qu'elle touche celui qui me touche. Oui, l'on touche : les vrais mystiques emploient ce mot [1]; c'est aussi celui d'Aristote : Θιγγάνων καὶ νοῶν !

Mais prenez garde ! Qui donc ignore les hallucinations et les folies du mysticisme? Et quand donc savez-vous que celui qui vous touche est Dieu? C'est

[1] Voir les textes de Thomassin sur le sens divin, *Connaissance de l'âme*, l. III, n° IV.

quand on pratique Dieu par une pratique parfaitement et absolument infaillible, savoir : par la pratique du devoir certain. C'est alors qu'on voit Dieu, ou qu'on se prépare à le voir.

Bienheureux ceux qui ont le cœur pur, parce qu'ils verront Dieu.

Je le sais, Messieurs, malheureusement par ma propre expérience : il y a deux états de l'âme, l'état aveugle et l'état clairvoyant. Quand j'ai été chargé d'iniquités, j'étais aveugle, et quelque clairvoyance m'est revenue toutes les fois que j'ai retrouvé l'immense grâce de la contrition catholique, telle que le catéchisme la définit.

Ame brisée de douleur et inondée de larmes, pour dix mille manquements au devoir dont la vue vous accable ; âme préférant la mort à toute nouvelle offense, vous redeveniez transparente et la lumière de Dieu vous traversait comme un cristal, et la nature, vos frères et Dieu, et tout ce qui vit, transfiguré en Dieu, revenait vivre en vous : *Tandem aliquando refloruistis pro me sentire !*

O sainte transformation ! ô glorieuse contrition ! brisement de l'opaque chrysalide, objet de ma principale ambition sur la terre, et qui dépassez tout, et renfermez tout bien, puisque vous apportez la lumière et Dieu même ! O triomphe de l'esprit de Dieu sur ma langueur et mon infirmité, et ma bassesse, et mon étroite personnalité, venez me rendre le cœur pur qui voit Dieu, venez le rendre à ces jeunes hommes qui devront être un jour, s'ils vous connaissent, la lumière de leur siècle !

DEUXIÈME PARTIE.

Messieurs, laissez-moi vous dire que l'espoir de guérir l'esprit humain, de chasser les démons qui l'obsèdent et de constituer enfin la vraie philosophie n'est pas le motif le plus touchant qui doive nous exciter à travailler. Ce motif ne suffirait pas pour que l'homme, qui donne sa vie à la recherche de la vérité, trouvât dans cette recherche le bonheur et la joie, et l'impulsion jusqu'à la fin.

J'avoue pour moi que si, à travers tant d'obstacles, de déceptions et d'inintelligences, j'ai persévéré dans ma ligne, *state in via visionis quam elegistis*, ce qui m'a soutenu, c'est la pitié, la pitié du cœur, *misericordia*.

Allons, courage! disait mon ange, courage! travaillons pour les pauvres hommes si souffrants, si aveugles et si malheureux; courage! il y aura un jour une science plus efficace pour guérir leurs pauvres corps malades. Il y aura un jour une science plus efficace aussi pour établir et maintenir plus de paix, de justice et de liberté, de vraie prospérité et de vie véritable, dans le corps des sociétés humaines. Courage, ami!

Chercher Dieu et le faire régner dans la science de la vie du corps humain! quel but, si l'on y croyait! A la vue de la mort et de tant de souffrances, se demander si l'on ne pourrait pas plus hardiment puiser en Dieu pour moins souffrir et moins mourir; s'il est vrai que la plupart des souffrances humaines sont des souffrances inutiles ou coupables; s'il est vrai que la plupart des morts sont des morts volontaires ; si la science a raison de dire : *L'homme ne meurt pas, il se tue ;* s'il est vrai que la plus grande partie de ceux qui meurent avaient le droit et le devoir de vivre encore, et eussent vécu, s'ils avaient su obéir à Dieu, et l'attirer et s'approcher de lui ! quelles questions pour les nobles cœurs et pour les esprits courageux ! Quoi ! Messieurs, n'y a-t-il rien à faire pour réaliser davantage dans l'ordre scientifique ces paroles du Sauveur : *Curans omnem languorem et omnem infirmitatem in populo?* Ne viendra-t-il pas quelque époque où les hommes, connaissant mieux les lois de la vie, les sauront appliquer, et où les meilleurs, les plus savants et les plus sages sauront mieux préserver leurs frères des souffrances inutiles et de la mort mauvaise?

On ne sait pas assez, Messieurs, que Leibniz, et Descartes surtout, comme

but de leurs travaux, avaient principale-
ment en vue ce point. Je relisais hier,
avec une vraie joie, la fin du Discours sur
la méthode, et j'ai cru la comprendre
pour la première fois. Vous l'avez peut-
être oubliée, la voici :

« Je dirai seulement que j'ai résolu de
« n'employer le temps qui me reste à vi-
« vre à autre chose qu'à tâcher d'acqué-
« rir quelque connaissance de la nature,
« qui soit telle que l'on en puisse tirer,
« pour la médecine, des règles plus ab-
« solues que celles que l'on a eues jus-
« qu'à présent.

« Suivons, » dit-il, « suivons la loi qui
« nous oblige à procurer, autant qu'il
« est en nous, le bien général de tous les
« hommes. Mes découvertes m'ont fait
« voir qu'il est possible de parvenir à des
« connaissances qui soient fort utiles à
« la vie, et qu'au lieu de cette philoso-

« phie spéculative qu'on enseigne dans
« les écoles, on en peut trouver une pra-
« tique, par laquelle nous puissions nous
« rendre comme maîtres et possesseurs
« de la nature.....; que s'il est possible
« de trouver quelque moyen de rendre
« les hommes communément plus sages
« et plus habiles qu'ils n'ont été jus-
« qu'ici, je crois que c'est dans la mé-
« decine qu'on doit le chercher... or
« j'ai dessein d'employer toute ma vie
« à la recherche d'une science si néces-
« saire. »

Réunissons-nous donc, dit-il encore,
faisons des expériences, afin que, de génération en génération, les lois de la vie
soient mieux connues.

Telle est, Messieurs, la conclusion,
trop peu remarquée, du Discours sur la
méthode. Voilà le bon sens et le génie;
voilà la vraie grandeur : cœur vivant et

génie excité à la vue des souffrances des hommes.

Leibniz parle de même. « Ne vien- « dra-t-il pas un temps, dit-il quelque « part, où les hommes se mettront plus « à la raison qu'ils n'ont fait jusqu'ici, et « où, plus raisonnables et plus sages, ils « sauront découvrir plus profondément « les lois de la vie et créer une médecine « meilleure ? »

Il revient dans tous ses ouvrages sur ce point, et notamment dans sa lettre à Arnauld, quand il dit que ses considérations sur la nature de l'infini lui donnent le moyen, pour rendre les hommes plus heureux, non-seulement de mieux défendre la religion, et d'arriver à une plus profonde connaissance de Dieu et de l'âme, mais encore de développer la force industrielle de l'homme, « et d'ar- « river à une médecine meilleure, à par-

« tir de la confusion déplorable où se
« trouve aujourd'hui l'art de guérir [1]. »

Or, Messieurs, le grand sacerdoce qui a pour but de guérir le corps et d'augmenter la vie, est chose tellement fondamentale, que le premier mot de Jésus à ses disciples, c'est celui-ci : *Infirmos curate, mortuos suscitate*, « guérissez les « malades, ressuscitez les morts. » Voilà le premier mot de Jésus-Christ, lorsqu'il donne aux siens leur mission.

Eh bien, où en est aujourd'hui l'art de guérir les hommes? le voici : l'impulsion de Descartes et de Leibniz, l'emploi réel et suivi de la vraie méthode ex-

---

[1] Et me spero proponere nonnulla posse, unde aliqua scientiis incrementa, et ad felicitatem humanam ad rei medicæ certitudinem haud paulo majorem, cujus nunc deplorandam perturbationem non reges minus quam plebs luunt, ad mechanicam felicitatem, ad vindicationem religionis, notitiamque Dei et mentis aliquanto profundiorem proficisci accessus possit.

périmentale n'a pas été stérile. Toutes les sciences relatives à la médecine, dont le faisceau, s'il était opéré, ne pourrait pas ne pas donner, pour l'art de maintenir et de sauver la vie, de très-grandes conséquences, toutes ces sciences, physique, chimie, anatomie, physiologie et chirurgie, toutes ces branches de l'art de guérir ont fait des progrès prodigieux. Je n'ai pu lire sans enthousiasme, Messieurs, quelques pages récentes sur l'état actuel de la chirurgie. Lisez, je vous le demande, ce magnifique résumé, que donne le *Journal des savants,* où les hommes les plus considérables ne craignent pas de parler ainsi : « Un im-
« mense événement est venu raviver, chez
« les esprits ardents, la foi dans la solu-
« tion du grand et magnifique problème
« de la suppression complète des acci-
« dents opératoires. » — « Oui, cette foi

« dans la suppression complète du grand
« obstacle de la chirurgie est l'âme de la
« chirurgie contemporaine. Il faut le dire,
« et le dire hardiment, car cette Foi est
« aujourd'hui celle de tout le monde [1]. »

[1] Ce qui suit est extrait du *Journal des Savants*, avril 1863, *Tableau des progrès de la chirurgie contemporaine*, de M. MAISONNEUVE, par M. FLOURENS.

Jusqu'à ces derniers temps, le génie des chirurgiens semblait être absorbé par le perfectionnement des procédés opératoires..... Quant à la douleur et aux accidents consécutifs des opérations, ces choses semblaient tellement inhérentes à la chirurgie elle-même que l'idée de leur neutralisation, considérée comme une sorte de pierre philosophale, ne paraissait pas même digne de préoccuper les esprits sérieux.

Tel était l'état des choses, quand deux découvertes importantes vinrent ébranler cette doctrine désespérante : l'une, la Théorie de l'infection purulente ; l'autre, la Méthode des opérations sous-cutanées... Opérations privilégiées, qui possèdent la propriété miraculeuse d'une innocuité absolue.

..... Déjà donc le progrès avait rompu ses digues, lorsqu'un événement immense, l'invention de la méthode anesthésique, vint à la fois supprimer la douleur des opérations chirurgicales, et raviver, chez les esprits ardents, la foi dans la solution du grand et

Cela est beau, Messieurs, Dieu bénira cette Foi, toute foi est bonne. Disons donc avec les Apôtres : « Seigneur, « augmentez-nous la foi ! » Ayons le courage de croire que nous irons encore plus loin ; ayons le courage d'espérer deux choses : 1° que, lorsque toutes les sciences particulières feront faisceau, leur effet utile pour l'art de guérir sera pour

magnifique problème de la suppression complète des accidents opératoires.

Cette *foi* dans la suppression complète des accidents opératoires, dit M. Flourens, est l'âme de la chirurgie contemporaine. Il faut le dire, et le dire hardiment, car cette foi est aujourd'hui celle de tout le monde..... de tels accidents, si merveilleusement supprimés, permettent d'espérer la suppression de tous les autres.

...... J'arrive à la plus merveilleuse de nos découvertes, à la suppression de la douleur par l'éther et le chloroforme..... La méthode anesthésique a deux grands effets : elle suspend, pour un moment, les deux propriétés qui gênent le plus l'opérateur, la sensibilité des nerfs et le mouvement des muscles volontaires. La disparition momentanée de ces deux propriétés, les plus caractéristiques de la vie, permet le moins décuplé ; 2° que , lorsque ces splendides découvertes qui atteignent l'homme par le dehors , par la chair et les os , s'uniront à leur tour à la science de la vie morale et de la vie religieuse de l'homme intérieur et central , l'effet utile du tout sera encore beaucoup plus richement multiplié.

Messieurs, cette multiplication de tous

au chirurgien de mener à bien une foule d'opérations que, sans cela, il n'aurait jamais osé tenter. Il n'y a plus aujourd'hui d'opération raisonnable qu'il ne puisse réaliser.

La merveilleuse puissance que nous possédons désormais de neutraliser la douleur, nous permet, dit M. Maisonneuve, de ne plus tenir compte, dans nos déterminations opératoires, de cet élément naguère si considérable, et de négliger dorénavant toute autre considération que celle du succès de l'opération. D'un autre côté, la neutralisation de la contractilité musculaire rend encore des services non moins considérables ; toute l'histoire des luxations et des fractures a été, pour ainsi dire, transformée... rien de plus facile aujourd'hui que la réduction des luxations, à tel point que nous pouvons dire maintenant qu'il n'existe plus de luxations irréductibles.

les biens dans la vie présente, j'ose presque la déduire d'une parole de Notre-Seigneur : « Si vous avez foi en moi, vous recevrez dès cette vie cent fois davantage, *centies tantum nunc, in tempore hoc*, et plus tard la vie éternelle. » Oui, dans la vie présente, *nunc, in tempore hoc*, en ce monde, nous pouvons espérer de croître en toutes choses, en moralité, en bien-être, en vitalité, en liberté, en clarté, en grâce et en puissance sur la nature, en science, et de centupler tout, *centies tantum, nunc, in tempore hoc*. J'en dis autant de l'art de guérir et d'augmenter la vie des hommes ; on en peut centupler la puissance.

Mais d'abord il faut ôter l'obstacle et le scandale de ce grand art, savoir : le matérialisme grossier qui, on ne sait ni pourquoi ni comment, s'y est mêlé.

Je n'en veux citer qu'un exemple. J'ouvre le dictionnaire médical le plus répandu, j'y trouve de très-grandes prétentions philosophiques. Or, voici comment on y traite la philosophie. Lisons l'article *Idée*. Les autres questions du même ordre sont traitées de la même manière.

Idée. « On donne ce nom, en physio-
« logie, au résultat du mode d'activité
« propre à chaque partie du cerveau qui
« préside aux instincts, à l'intelligence et
« au caractère. Le mot *pensée* désigne
« l'activité générale de toutes les parties
« mises en jeu lorsqu'on poursuit une
« *idée simple*, c'est-à-dire tel résultat
« que peut fournir l'action d'un seul or-
« gane cérébral, ou *composée*, c'est-à-
« dire qui est le résultat commun de
« l'action d'un certain nombre d'orga-
« nes. »

Voilà, Messieurs, les définitions de l'*idée*, de la *pensée*, de l'*idée simple*, de l'*idée composée*.

N'est-il pas évident que la critique n'a pas assez de sifflets ni de fouets pour siffler, et pour flageller, et pour chasser du temple de la science la risible et pitoyable audace qui ose écrire ces platitudes absolument dénuées de sens ?

Il vous faut donc d'abord, Messieurs, délivrer la médecine du contact de ces prétentieuses ignorances; puis il faut travailler à faire le faisceau, pour qu'on ne puisse plus dire des sciences médicales séparées, qu'elles sont belles, mais ne savent pas se liguer pour guérir :

> Infelix operis summa, quia ponere totum
> Nesciet.....

Mais comment ? Précisément en allant à l'âme, au lieu de nier l'âme, l'âme, centre et source de la vie corporelle. Il

faut aller à l'âme, l'âme, principe et opé-
ratrice de la vie physiologique, comme
l'ont dit les vrais philosophes : l'âme capable, — et c'est ici que sera la source
des plus grands progrès, — l'âme capable d'influer sur le corps par sa triple
vie, non-seulement par la vie physiologique, dont elle est la source, mais par
sa vie morale, mais encore par sa vie
religieuse et divine.

Voilà le point.

Et d'abord, qui donc ignore que la
force morale est, en toutes circonstances, l'une des grandes forces nécessaires et souvent suffisantes pour guérir le
corps? Lisez, Messieurs, un petit livre
allemand, intitulé : *Hygiène de l'âme* [1].
On me soutient que ce petit livre est
assez médiocre et banal, tant mieux!

[1] *Feuchtersleben*, traduit de l'allemand sur la ving-
tième édition.

Ce sont donc des vérités vulgaires qu'il nous répète. « La confiance, dit-il, la « confiance n'est-elle pas une force ? Si « elle est une force, si elle peut guérir, « est-ce que ce remède ne vaut pas au- « tant que le fer et le feu ? » Est-ce qu'on n'a pas vu des morts produites, en quelques instants, par l'imagination seule ? Eh bien, si l'imagination peut produire la mort, pourquoi ne pourrait-elle produire la vie ? Qui ne le sait ? l'imagination, la confiance, la conviction, ou le découragement et la terreur, l'état de l'âme se posant pour mourir, ou de l'âme se posant pour vivre, peut produire ou la mort ou la vie dans un très-grand nombre de cas.

Et que dire de la vie morale soutenue ? N'est-elle pas manifestement la grande force conservatrice de la vie du corps ?

Mais précisons. La vie morale de la personne humaine, la vie propre de l'âme n'est elle-même pour guérir le corps que la seconde force. Il y a la force première : cette force première, c'est Dieu. Écoutez l'admirable Bordeu, cet homme de génie et d'esprit ; lisez son étincelante dissertation sur l'*Analyse médicale du sang*. Bordeu, dans cet ouvrage et dans son *Histoire de la médecine*, affirme qu'il n'y a pas seulement une médecine humaine, mais il y a, dit-il, une médecine divine : « Cette médecine divine, c'est
« celle dont Jésus-Christ se servait pour
« guérir les malades. » Et il ajoute : « J'ai
« peine à concevoir comment la méde-
« cine divine et la médecine humaine ne
« sont pas restées toujours intimement
« unies. Les règles de la dernière n'ont
« de vrais fondements que si elles sont
« éclairées et modérées par les règles de

« la première. La religion elle-même,
« bien entendue, n'est qu'une vraie mé-
« decine utile, nécessaire, efficace, et
« d'un emploi continu pour le régime et
« la santé qui en est le fruit. »

Et il termine son analyse du sang par
ces paroles, les dernières probablement
qu'il ait écrites : « L'étude de l'âme, les
« notions morales, métaphysiques, théo-
« logiques et révélées, sur sa spiritualité,
« sur son influx dans les opérations ani-
« males et les effets des passions, nous
« ont servi de guide et de fondement en
« bien des points ; trop heureux de nous
« appuyer sur ces grands dogmes aux-
« quels la pratique quotidienne de notre
« art ramène incessamment. »

Oui, Messieurs, il y a une médecine
divine : car y a-t-il un Dieu ? Avons-nous
un père ? Ce père est-il bon et aimant ?
Mais cela n'est nié que par la sophistique

la plus dégradée. Si l'homme doit dire, comme Isaïe : « Mon Dieu est vivant et « me voit, » *vivit Deus meus et videt me,* comment est-il possible qu'en nous regardant, en nous touchant, en nous aimant, ce Dieu vivant ne nous guérisse pas, lorsque cette guérison peut être utile à la famille humaine, et que l'âme et le corps s'y prêtent ?

L'intervention surnaturelle de Dieu dans la vie du corps, j'y crois absolument. J'y crois par expérience, et je ne me considère pas pour cela comme destitué de physique ni de physiologie. J'ai quelquefois essayé de vérifier par mes yeux un miracle. Nos adversaires disent : « Il se trouve qu'il n'y a jamais eu de « miracles ; » je réponds : « Il se trouve « qu'il s'en fait tous les jours. » Mon assertion vaut l'assertion contraire. Mais je puis dire que j'ai par moi-même vérifié des miracles, d'accord, du reste, avec des hommes considérables plus compétents que moi. Dans certains cas, je n'ai pu m'empêcher de voir l'intervention directe de Dieu, non pas de la médecine, elle n'a rien fait; non pas de la nature, elle ne pouvait rien ; non pas de l'âme, elle ne demandait rien ; mais de Dieu seul, voulant opérer là.

Quelquefois un fait inouï de guérison, dont les hommes les plus compétents n'aperçoivent pas la possibilité, est la subite réalisation d'une prière.

Lorsqu'un jour, Messieurs, on apprendra que toutes les académies du monde ont constaté des guérisons par la force propre de Dieu, les hommes n'en seront pas surpris. Le genre humain n'a-t-il pas cru cela dans tous les temps ? Eh bien, je dis que la médecine meilleure que cherchaient Leibniz et

Descartes doit être poursuivie avec une foi croissante. Elle se fera d'abord par la synthèse de toutes les sciences médicales secondaires, déjà merveilleusement développées. Mais cela ne suffirait pas. Elle se fera surtout quand les grandes âmes s'empareront de ces amas de richesses, quand de grands hommes, ardemment chrétiens, ayant l'intention de bénir le corps souffrant de l'humanité, invoqueront Jésus-Christ, et diront : Faisons passer l'étincelle divine à travers ces monceaux de matière scientifique. Oui, ceux-là guériront les corps, et ressusciteront, ne peut-on pas le dire ? *ressusciteront préventivement* des millions d'hommes, qui seraient morts très-certainement, si le développement de la science, à la fois divine et humaine, n'avait pas été opéré par la foi, par le cœur et par le génie.

13.

Oui, lorsque les vertus et les forces de la Foi divine et humaine, lorsque la science expérimentale de Dieu, obtenue par la morale et la religion mieux pratiquées, s'ajouteront aux merveilleux progrès des sciences particulières, on fera des prodiges de guérison. La réduction des souffrances humaines, la multiplication de la vie et de la force corporelle du genre humain, sera la première récompense de ceux qui auront cru, voulu, persévéré et travaillé. Et les hommes auront la joie de voir que, non-seulement dans la vie de l'esprit humain et à travers l'esprit humain, mais même à travers la vie du corps humain, l'on peut et doit pratiquer la grande et principale mission de l'homme sur terre, la recherche de Dieu, et la science expérimentale qui soumet tout à Dieu : *Quærere Deum si forte attrectent eum; in ipso enim vivimus.*

TROISIÈME PARTIE.

Guérir les sociétés humaines par la science expérimentale de Dieu, enseigner aux nations les lois de la vie, tant par le grand progrès des sciences sociales que par la pratique détaillée des lois évangéliques, oui, Messieurs, tel sera l'un des buts de la science des chrétiens : application plus détaillée de l'Évangile aux lois sociales ; intervention de Dieu dans la vie des sociétés humaines.

Je médite ces suprêmes paroles du Maître bien-aimé, qui est véritablement Dieu enseignant : « Toute puissance m'a « été donnée au ciel et sur la terre ; « allez, et enseignez toutes les nations, « apprenez-leur toutes les choses que

« je vous ai enseignées. » Je rapproche cette parole d'une autre parole de Jésus : « Ce que je vous dis à l'oreille, prêchez- « le sur les toits; » et de cette autre encore : « Celui qui croit en moi fera « non-seulement les choses que je fais, « il en fera même de plus grandes. » Or je trouve ce qui suit dans le rapprochement de ces paroles.

D'abord, ce n'est pas lui qui a voulu appliquer aux sociétés humaines les détails de la vérité : il s'est borné à donner les principes, il les a dits, comme à l'oreille, à quelques hommes choisis. Il dit avec placidité quelques courtes propositions qui renferment l'avenir de l'histoire. Par exemple : « Rendez à Dieu ce qui est à « Dieu, et à César ce qui est à César ; » posant ainsi, au point de vue de la vie sociale, la différence des temps anciens et des temps nouveaux. Division des pouvoirs, loi fondamentale de la vie et de la liberté ! César, Jules César, le guerrier, était en même temps grand pontife. Tout se trouvait en bloc dans le même homme : empereur et pontife, maître du sang, du travail, de la pensée de tous : c'était un centre universel et absolu. Voilà l'antiquité. Mais quel est le caractère social des temps nouveaux ? Distinction radicale des pouvoirs. Depuis les premiers jours du Christianisme, il y a dans le monde deux pouvoirs, — pouvoirs organisés, — le Pouvoir politique et le Pouvoir religieux. Il y en a trois aujourd'hui. Le Pouvoir scientifique prend consistance, et gouverne par la Parole et par la Presse. Ces simples mots du Christ dits à l'oreille ont commencé, dans la vie du monde, la distinction radicale des grands organes et des grandes forces.

Et quand, dans la même occasion, Jésus enseigne ce qui concerne le tribut, il dit : « De qui donc les rois de la terre « tirent-ils le tribut ? Est-ce de leurs su- « jets, ou de leurs enfants ? » Compre- nez ces deux mots : *enfants, sujets*. Les sujets, ce sont les vaincus, les tribu- taires : or, quand on arrivera, par le dé- veloppement de la civilisation chrétienne, aux temps où il n'y aura plus de vaincus, où tous seront enfants dans le même peuple, tous enfants de la même patrie, quelle sera la loi du tribut ? quelle sera la loi de l'impôt ? La Liberté. N'est-ce pas là le fond de la question ?

Messieurs, liberté de l'impôt, de l'im- pôt consenti, connu et débattu, suivi et discuté dans ses effets et dans toutes ses applications, ceci n'implique-t-il pas toute la vérité politique et toute la li- berté ? *Ergo filii liberi sunt.* « Les en-

« fants sont donc libres. » Ce petit mot dit à l'oreille est le germe de la vie politique véritable.

Lorsque Jésus nous dit ailleurs : « N'appelez personne sur la terre votre « père, car vous n'avez qu'un Père, qui « est au ciel, et vous êtes tous frères, » comparez ce conseil, je vous prie, à l'état de ce grand pays où règne l'autocratie, où le chef se nomme Père. Pourquoi ce nom si touchant et si beau? C'est pour que, dans un peuple de soixante millions d'hommes, il n'y ait qu'un *majeur* qui dirige tout, et que les autres soient tous *mineurs*. « N'appelez personne sur la terre votre père, car vous n'avez qu'un Père, qui est au ciel, et vous êtes tous frères; » c'est encore là la base et le fondement, jusqu'à la fin du monde, de la vraie vie sociale et de la liberté.

Que dire encore de cette autre parole :

« Les rois des nations les dominent, et
« les maintiennent sous leur pouvoir :
« *Principes gentium dominantur eo-*
« *rum... et potestatem exercent in eos.*
« Qu'il n'en soit pas de même parmi
« vous, mais que le plus grand parmi
« vous se fasse votre ministre, que le
« premier soit votre serviteur. » Ces
simples mots, dits à l'oreille, ont transformé et transformeront indéfiniment le
pouvoir, jusqu'à ce qu'en effet les princes
soient ministres et serviteurs.

Oui, les princes, les princes de tous
les ordres, non-seulement ceux de la
religion, mais ceux de la science, ceux
de la politique, tous se verront conduits
de plus en plus à comprendre et à pratiquer la sublime doctrine, et à se faire
vraiment les serviteurs des hommes.

Ecoutez l'une des nobles voix [1], Mes-

[1] Channing.

sieurs, qui poussent dans ce service et dans ce ministère tous ceux qui ont quelque grandeur et quelque force :

« Nulle part la société n'a encore en-
« trepris sérieusement l'éducation de
« tous ses membres ; nul ne connaît les
« limites du possible. La science sociale
« la plus élevée est encore dans l'enfance.
« Nulle part les grands esprits n'ont en-
« core entrepris sérieusement et solen-
« nellement de résoudre ce problème .
« Comment peut-on relever la majorité
« des hommes ? L'expérience reste à
« faire. » Voilà qui est noblement dit ; tout cœur et tout esprit sentent et comprennent cela. Mais écoutez encore :
« Vous me dites que c'est impossible !
« Oui, tout cela est impossible sans de
« grands changements dans nos mœurs,
« dans nos habitudes, dans nos idées ;
« mais il faut que ces grands change-

« ments s'accomplissent. Il est temps
« qu'un lien plus intime unisse les mem-
« bres épars de l'humanité. Il est temps
« qu'un nouveau sentiment de responsa-
« bilité anime les hommes éclairés, les
« hommes heureux, les hommes ver-
« tueux. Le progrès du christianisme
« l'exige, et la marche nécessaire des so-
« ciétés le rend indispensable. » Mais en
quoi consiste surtout l'expérience qui
reste à faire ? Où trouvera-t-on surtout
la solution du grand problème ? C'est en
découvrant et reconnaissant que, pour la
société, comme pour l'esprit humain,
comme pour le corps humain, il y a trois
vies nécessaires, et non pas une seule. Le
pain ne suffit pas ; il faut, de plus, toute
parole qui sort de la bouche de Dieu. Il
faut, pour la grande expérience qui reste
à faire, il faut enseigner aux nations, par
toutes les forces de la parole, toutes les

choses que Jésus avait dites à l'oreille de
ses disciples, il y a deux mille ans.

Oh! oui, Messieurs, nous avons des
ressources pour résoudre le grand problème, pour relever la majorité des hommes. Mais, aujourd'hui, la partie aveugle
du peuple repousse encore le troisième
pouvoir, le plus puissant de tous, sans
lequel nul progrès solide et complet n'est
possible, sans lequel la dernière décadence menacerait toujours. Il faut que
l'on en vienne, par l'effort des hommes
évangéliques, à la science expérimentale
de Dieu dans la vie des sociétés humaines. Il faut que ceux qui cherchent la
science sociale en viennent tous à cette
expérience aussi simple que décisive,
dont un homme fort connu me parlait
ainsi : « Je dis à ceux qui veulent travailler à la science sociale : Déposez tous
vos préjugés en tous sens; puis, du point

de vue économique, observez minutieusement pendant un an une seule famille. Puis, concluez. Que concluent-ils à peu près tous ? Le voici : Impossibilité absolue de bien-être sans pratique de moralité ; impossibilité absolue de moralité sans religion. » N'était-ce pas évident *à priori ?* Je me souviens en ce moment des conclusions d'un livre que les tribunaux ont frappé : *De la Justice dans la Révolution et dans l'Église.* Que démontre ce livre, d'ailleurs criblé de folies coupables ? En présence de l'expérience sociale établie sous nos yeux aujourd'hui, il démontre, d'une manière que je déclare irréfutable, des vérités qui d'ailleurs sont d'avance évidentes, et que voici : « Le défaut d'équilibre dans l'économie générale dépend du défaut d'équilibre dans la raison sociale et dans les mœurs. Ce qui nous arrête, c'est l'esprit d'iniquité qui trouble les consciences ; c'est la paresse, l'orgueil, la sensualité. Lorsque la volupté devient la religion d'un peuple, il faut pour son service une foule d'agents de corruption, et, par conséquent, de misère. Donc, puisque tout le mal vient de l'immoralité universelle, la première chose à faire est de revenir à la sagesse, au devoir, au travail, à la sobriété, à la sainteté de la famille et à la chasteté. Il faut que chacun apprenne à trouver la plus grande partie de sa félicité au for intérieur, dans les joies de la conscience et de l'esprit. »

Est-ce que tout cela, Messieurs, n'est pas l'évidence même ? Mais voici une conclusion plus concrète et qui renferme tout en un seul point :

« Le débordement de tous les crimes
« et délits contre le mariage est la cause la

« plus active de la décadence des socié-
« tés modernes : c'est à cette cause qu'il
« faut rapporter, en dernière analyse,
« toutes nos misères, nos lâchetés, nos
« imbécillités, et la dépravation de la
« littérature, et la ruine de la liberté.
« Tout attentat au mariage et à la fa-
« mille est une profanation de la justice,
« une trahison envers le progrès et la
« liberté. » Et tout cela, Messieurs, je le
le répète, n'est-ce pas l'évidence décisive ?

Mais quoi! quel insensé peut espérer
cette transformation radicale, sans un
grand réveil religieux qui fasse rentrer le
Dieu vivant dans les consciences et dans
la société ? Vous voulez la transformation
des mœurs du genre humain, et vous ne
savez pas qu'un tel ouvrage, plus difficile
que la création, est impossible à l'homme?
et vous ne savez pas que cela est possible

à Dieu seul ? Apprenez-le, vous tous qui rejetez la pierre sacrée, la clef de voûte de l'édifice des sociétés, apprenez-le : ceci est l'œuvre de cette vie divine, plus haute que celle de l'homme, dont parlent tous les maîtres, tous les humbles et tous les inspirés ; ceci est l'œuvre du Dieu incarné, qui seul peut dire et opérer dans l'homme ce qu'il demande : « Transformez-vous, car le royaume de Dieu approche. »

CONCLUSION.

Oui, Messieurs, c'est ma bienheureuse conviction : tout cela est possible, si nous voulons, si cette génération le veut, et si elle traverse hardiment et grandement cette crise de vérité, ce qui nous permettrait enfin de traverser aussi la crise de liberté : *Cognoscetis veritatem et veritas liberabit vos.* Oui, une grande science d'ensemble est possible, qui ramène à la Foi, à la Foi divine et humaine, à Dieu expérimentalement saisi, toute la science de l'esprit humain, et celle du corps humain, et celle des sociétés humaines. Il y eut, au commencement de ce siècle, de belles perspectives sur cette science d'ensemble ramenée à Dieu. Les grands

esprits, dans toute l'Europe, l'ont entrevue ; et les peuples ont accueilli avec
avidité toutes les tentatives en ce sens.
Génie du Christianisme, grande pensée
entrevue au début de ce siècle, mûre
aujourd'hui, quand nous voudrons, pour
une solide réalisation !

Par exemple, dans le grand nombre
de ceux qui, il y a quarante ans, ont annoncé cet avenir, laissez-moi vous citer
Schlegel, l'un de ces nobles et riches esprits ramenés par la science au christianisme et au catholicisme : « Tant que le
« positif divin, dit-il, n'interviendra pas
« comme force virtuelle de l'ensemble,
« c'est en vain qu'on espérera trouver,
« soit pour la vie sociale, soit pour la
« science, le point d'appui et le sol
« ferme. » Il parle comme Maine de Biran : « Le positif divin, le point fixe, c'est
« la religion, c'est le christianisme, c'est

« la philosophie chrétienne, appliquant
« les données divines scientifiquement
« pour unir les sciences dans la Foi.
« C'est dans ce positif divin lui seul, et
« cette union, que se trouvera la paix
« morale et intellectuelle du monde. Et
« cette nouvelle carrière dans la connais-
« sance de l'invisible sera plus impor-
« tante dans ses résultats spirituels que
« ne le fut, il y a trois cents ans, la dé-
« couverte d'un autre hémisphère ou du
« véritable système du monde, ou que ne
« fut jamais toute autre découverte. »

C'est là ma conviction, Messieurs.
Non, jamais il n'y aura eu dans le monde
d'événement humain plus important que
cette réunion des sciences dans la foi,
si nous pouvons l'obtenir en ce siècle.
Alors seulement la promesse commence
visiblement à s'accomplir : *cognoscetis*
veritatem.

Mais là encore on nous dira : « C'est impossible ! » Certes, cela est impossible à l'homme seul. Aucun individu ne réunira dans sa main tout le faisceau des sciences et ne pourra élever à lui seul l'immortel monument de la science comparée. Mais, Messieurs, vers quoi marchons-nous ? Nous marchons, dans nos sociétés modernes, à une plus large application du principe d'association, dans tous les ordres de choses. Écoutez ce que je vais vous dire et vous confier : *Le temps est venu de l'association intellectuelle*, de l'association intellectuelle, cette nouveauté encore si peu comprise que tout homme, aujourd'hui, qui possède un fragment ou un reflet d'idée, se propose d'éclairer à partir de lui seul, comme source, le monde entier. Non, Messieurs, aucun homme quel qu'il soit, aucun individu, quels que soient son génie, sa science et son travail, ne peut opérer aujourd'hui de grands mouvements intellectuels dans le genre humain. Il n'y a que l'association aujourd'hui qui le puisse. De même que le plus redoutable chevalier, avec la meilleure lance et la meilleure armure, ne pourrait rien en présence de nos bataillons ; de même l'homme du plus grand génie, lui seul, ne peut rien pour traverser cette crise de vérité. Il faut un grand effort d'ensemble, il faut la colossale puissance de l'association. Mais l'association intellectuelle est-elle possible ? Messieurs, prenons courage : ce qui semblait impossible hier vit et grandit aujourd'hui parmi nous. Savez-vous quand l'association industrielle est née en France, ou du moins quand elle a pris, au milieu de nous, esprit et vie ? Il y a vingt-cinq ans. Et le principe n'est pas encore pleinement développé et or-

ganisé dans nos lois. « Notre législa-
« tion, dit un savant économiste, n'est
« pas encore en harmonie avec ce grand
« et fécond principe. Lorsque fut rédigé,
« il y a cinquante ans, notre Code de
« commerce, les sociétés industrielles
« tendaient peu à se développer. Selon
« l'expression de Rossi, dans un admi-
« rable Mémoire sur la législation fran-
« çaise, l'esprit d'association alors bé-
« gayait à peine quelques projets sans
« portée. Aujourd'hui, il a passé dans
« nos mœurs. Un vaste développement
« de l'association industrielle est devenu
« la condition absolue de la prospérité
« des peuples. » Eh bien, Messieurs. je
ne crains pas de dire qu'un vaste développement de l'association intellectuelle
est la condition absolue du progrès de
l'esprit humain. La grande science comparée, la science d'ensemble. n'est pas

possible sans cela. La connaissance scientifique de la vérité, la diffusion de la
vérité dans les esprits et dans les masses,
est impossible sans cela. En présence des
miracles de l'association industrielle,
pourquoi désespérer de l'association intellectuelle et des miracles qu'elle peut
produire? Dans cent ans, j'espère, on
s'étonnera profondément de l'isolement
dans lequel se tiennent aujourd'hui les
hommes qui pensent et qui cherchent la
vérité. « Il est temps, disait déjà Leib-
« niz, que ceux qui aiment la vérité tra-
« vaillent avec plus de sûreté et d'en-
« semble. » On comprendra, on le com-
prend déjà, que le pouvoir de la pensée
est aujourd'hui déplorablement dispersé
et désorganisé. Déjà l'on remarque et l'on
dit que si le pouvoir administratif, le pouvoir financier, le pouvoir militaire, sont
arrivés à ce que nous voyons par le grou-

pement et l'organisation, il est une force d'une nature supérieure, celle des idées et de l'effort intellectuel, qui ne doit pas demeurer plus longtemps dispersée et désorganisée [1]. On pense et l'on discute, aujourd'hui encore, comme se battaient les chevaliers du moyen âge, chacun à part et poussant devant soi : comme travaillait autrefois l'ouvrier solitaire. Les immenses forces de la pensée humaine se perdent, faute d'organisation et de groupement. La plupart des hommes ne pensent pas, et ceux qui pensent, pensent sans méthode, sans but, sans secours, sans suite, sans direction, sans point d'appui. Oh ! qu'il nous sera facile de centupler nos forces intellectuelles, quand nous les multiplierons par l'union,

[1] Voy. le chap. IVe du récent ouvrage de M. Louis de Noiron : *Mission nouvelle du Pouvoir envisagée dans ses rapports avec l'esprit d'association.*

au lieu de les neutraliser par la lutte et la séparation !

Les utopistes, me dit-on, parlent d'*association intellectuelle*, d'*atelier de travail encyclopédique* et même de *crédit intellectuel*. Ils ont raison. Ce qu'ils disent, essayons de le faire. Voici que la législation française a fait une loi sur la *propriété intellectuelle*. C'est un progrès. La pensée prend enfin des droits, et intervient dans les affaires. Dieu soit loué. Un temps viendra où la loi et les mœurs favoriseront l'association intellectuelle, le groupement et l'organisation des forces de la pensée.

Un temps viendra aussi, j'espère, où la polémique même, non pas parmi les hommes qui crient, mais parmi ceux qui pensent et parlent, ne sera plus comme aujourd'hui une simple neutralisation des forces, une pure absorption de lumière,

une production d'obscurités par le choc
de rayons opposés, mais une discussion
des problèmes, dans le sens algébrique du
mot. La polémique de ce point de vue serait un travail en commun. Aujourd'hui,
nous sommes trop en colère pour cela, je
le sais, mais la colère dure-t-elle donc toujours ? Ah ! Messieurs, le travail en commun ! chers amis et jeunes frères, laissez-
moi répéter ce mot ; laissez-moi vous
confier l'espérance de ma vie et le but
vers lequel je n'ai cessé de tendre : l'u-
nion, l'intime union de plusieurs esprits
pour conquérir les richesses de la vérité,
et les répandre sur l'univers entier, voilà
quel eût été le but de mon ambition.
Jusqu'ici on n'a pas assez appliqué à l'ordre intellectuel ces admirables paroles
évangéliques : « Lorsque deux d'entre
« vous s'accordent, *consenserint*, tout ce
« qu'ils demandent, ils l'obtiennent. Là

« où deux ou trois d'entre vous sont unis
« en mon nom, dit le Verbe éternel, lu-
« mière du monde, là je me trouve au
« milieu d'eux : *Ibi sum in medio eorum.*»

J'ai traversé la vie en m'unissant, de toutes mes forces d'esprit et de cœur, à tous ceux qui, en tous temps, en tous lieux, ont pensé et ont poursuivi la lumière. J'allais à eux, non en cherchant à les combattre, mais en cherchant à les comprendre. Que de fois j'ai eu le bonheur d'appliquer aux esprits, qui me semblaient le plus contraires, la parole de Bossuet : « Soyons un, même avec « ceux qui ne veulent pas être un avec « nous! » Cela se peut surtout dans le commerce des morts, qui maintenant sont calmes et transformés dans la sérénité. Mais avec les vivants, tout hérissés des passions actuelles, combien n'est-il pas difficile d'arriver à s'unir, ou seulement à se combattre loyalement et régulièrement! Combien surtout est difficile le groupement habituel de deux où trois esprits, à plus forte raison de dix ou douze, pour la conquête et la propagation de la richesse intellectuelle! Trois ou quatre fois dans ma vie j'ai cru voir se former un groupe d'intelligences amies et dévouées, dont j'eusse été, non le despote, Dieu le sait, mais le plus humble et le plus zélé serviteur. Mais la chair, le monde et l'enfer ont juré d'empêcher les intelligences de s'unir, et la communauté intellectuelle est encore une force inconnue, un mystère d'avenir, mais aussi, grâce à Dieu, l'une des plus grandes ressources du genre humain. Pour moi, je dirai jusqu'à mon dernier jour : Qui veut m'aider? Qui veut travailler avec moi? Qui veut venir travailler avec moi au développement des vérités que je ne puis ici qu'entrevoir avec vous? J'appelle quelqu'un, Messieurs, par ce discours.

Mais si je devais travailler seul jusqu'à la fin ; si, de mon vivant, cet effort pour grouper quelques intelligences dans l'œuvre intellectuelle de ce siècle ne réussissait pas, alors, Mesieurs, je vous lègue cette pensée. Instituez une maison de prière et d'étude, où s'organise enfin quelque association intellectuelle. Je vous lègue, ô amis, cette indication de la plus nécessaire des œuvres à entreprendre pour le salut des sociétés et pour la guérison de l'esprit humain, pour exploiter la vérité et la répandre toujours plus abondante sur toute la face du monde.

Que Dieu, chers frères, bénisse vos intelligences et vos cœurs, et vous enseigne lui-même, par son inspiration, ce que je ne parviens ici qu'à bégayer bien faiblement.

TROISIÈME CONFÉRENCE.

Ces trois conférences, Messieurs, se trouvent être le développement de cette belle parole d'Évangile, qui, je vous l'ai montré, est le plan de l'histoire moderne : « Si vous vous maintenez dans ma pa- « role, vous connaîtrez la vérité, et la « vérité donnera la liberté : *Si manseri-* « *tis in sermone meo, cognoscetis veri-* « *tatem, et veritas liberabit vos.* » Il est visible que la première grande phase de l'ère nouvelle a été une lutte de dix siè- cles pour établir et maintenir le monde dans la parole du Christ, dans la Foi, et dans la justice de la Foi. Les hommes ont aimé la justice et la Foi jusqu'à la mort, et la Foi, plantée dans le sang des enfants de Dieu, a maintenu sa racine sur la terre et a grandi. Aussitôt et en vertu de cette promesse, qui est une loi des choses, loi exprimée ailleurs par ces paroles : « Qui- « conque opère la vérité arrive à la lu- « mière, » *Qui facit veritatem venit ad lucem ;* aussitôt, dis-je, et dès le onzième siècle de l'ère nouvelle, je vois la Foi se déployer et tendre à la lumière. Je vous l'ai dit ailleurs : il y eut, surtout au treizième siècle, une fermentation des es- prits vers la science, telle que le monde n'en avait jamais vu, et n'en a plus revu depuis. La merveilleuse grandeur de l'ef- fort scholastique n'est plus ignorée de personne. On a par ignorance méprisé Aristote en Europe pendant trois siècles, mais on le retrouve aujourd'hui, et l'on revient à le comprendre. On fera de même pour les grands docteurs scholastiques. Ces vigoureux penseurs chrétiens, comme on l'a fort bien dit, ont formé la raison moderne. Ils ont donné au cerveau humain, — je sais ce que je dis, — et à l'esprit humain des habitudes logiques inconnues de l'antiquité. Ils ont, dit excellemment Hamilton, créé et opéré la rigueur et la précision scientifiques des langues modernes. Ils ont résolu ou posé toutes les questions métaphysiques. C'est leur distinction entre le *sujet* et l'*objet* de la connaissance que travaille depuis cent cinquante ans toute la philosophie allemande; de plus, nous dit Leibniz, pour qui veut se mettre en état de les comprendre, leur doctrine offre un riche trésor de vérités très-importantes et absolument démontrées. Ce sont nos

pères, Messieurs, nos nobles pères intellectuels. Descartes, Leibniz, sans lé savoir, étaient leurs fils ; et la grande science
moderne de la nature n'est que le fruit
de leur ardeur, refroidie en nous, et descendue aux plus faciles objets. Tout cela
est un même élan, Messieurs, et une même
phase de l'ère nouvelle. C'est l'effort pour
réaliser la promesse : *Cognoscetis veritatem.* Nous avons commencé par la théologie et la métaphysique : Dieu d'abord,
c'était juste et logique : Dieu est le
principe. Puis, après Dieu, l'œuvre de
Dieu ; et d'abord la nature physique selon l'ordre des créations . le monde inor-
ganique d'abord, puis le monde organique. Et maintenant l'esprit humain
remonte vers l'homme : physiologie, psychologie, histoire de la pensée humaine
et de la société humaine, science du devoir.
Et puis de l'homme on va se relever vers

Dieu pour terminer le cercle. Alors sera possible l'encyclopédie véritable , la grande science comparée, la connaissance de la vérité.

Mais cela même, ne cessons de le répéter, n'est pas la fin dernière de l'homme et de l'histoire. La fin dernière de l'homme, c'est l'amour, et la fin dernière de l'histoire, la liberté. Et, à vrai dire, l'amour et la liberté sont même chose. La troisième phase de l'ère nouvelle, « la troi- « sième veille évangélique [1] » du genre humain, dans ce crépuscule de la terre, sera la phase de liberté, j'entends de plus grande liberté morale , de plus grande liberté sociale , de plus grande liberté à l'égard de toutes les forces fatales de la nature , y compris nos passions.

[1] Et si in prima vigilia, et si in secunda vigilia, et si in tertia vigilia venerit.

Mais, Messieurs, il n'est pas possible d'entrer dans la troisième veille évangélique si l'effet des deux précédentes n'a pas été produit. Il faut que le genre humain soit établi, je ne dis pas absolument, mais suffisamment, dans la justice et dans la foi, pour connaître la vérité; et il faut que l'esprit humain soit entré, au degré nécessaire, dans l'ensemble de la vérité, pour que la vérité puisse nous donner la liberté. La liberté est le fruit suprême, puisqu'elle procède de la vérité, qui vient elle-même de cette Foi qui est la justice.

Il faut donc d'abord en finir avec les grandes iniquités qui déshonorent encore la terre, et nous maintiennent sous la nuit orageuse et au milieu des ronces et des épines de la première veille. Puis il faut, par un nouvel effort philosophique et scientifique, comparable, s'il se pouvait, à l'élan de la scolastique, détruire les ténébreux obstacles qui nous empêchent d'opérer encore la nouvelle et dernière transformation de la philosophie. Ce serait l'œuvre de la seconde veille, qui nous conduirait à l'aurore du troisième jour.

Mais, Messieurs, dans toutes ces espérances d'avenir que je prodigue ici, et dans toutes ces exhortations abstraites, presque banales, peut-être fatigantes, que je ne cesse de vous adresser, un doute inquiet me retient sans cesse.

Assurément tout cela est possible, et pour moi, ces magnifiques possibilités sont l'évidence elle-même. Oui, l'on peut espérer les grands progrès, mais à une condition: c'est que les hommes croiront, voudront et agiront.

Or où donc est la foi, la foi qui veut et qui agit, et qui transporte les montagnes? où est le ressort de l'élan? Et d'où pourrait venir au monde contemporain la force d'impulsion, pour croire et pour vouloir?

A partir de quelle cause et de quel moment voudrons-nous?

Je ne vois qu'une ressource, Messieurs, mais j'en vois une. Je vois une ressource nouvelle, un sentiment nouveau qui se développe et se développera parmi nous; c'est la pitié! Pitié de cœur à la vue des souffrances des hommes. Voilà la grande ressource. Toute souffrance aujourd'hui étant visible à tous par toute la terre, la pitié peut et doit grandir, et elle grandit. Le fond de la loi éternelle, dit Jésus-Christ, c'est la *justice*, la *miséricorde*, et la *foi : Quæ sunt graviora legis, judicium, misericordiam et fidem.* Le centre vivant de ce tout, qui est le fond de la religion, c'est la MISÉRICORDE, pitié de cœur, qui donne la vie à la justice et à la foi. Oui, cette source sacrée peut produire le miracle de la résurrection morale et religieuse du monde contemporain, et commencer un mouvement, grâce à Dieu déjà commencé, qui, bien faible aujourd'hui encore, ira s'accélérant par ses premiers effets, et finira par nous donner des élans et des forces que l'on n'espérait plus.

Ah! Messieurs, laissez-moi vous dire que, pour moi, quand j'aperçois les yeux des pauvres, brûlés de larmes, les yeux de tous mes frères, brûlés de larmes ; quand je vois la misère dévorer les hommes par millions, et surtout quand je vois le sang, le sang et le massacre, et la torture des faibles et des vaincus, ce que je vois en ce moment, je déclare que mon âme alors, remuée jusqu'au fond des abîmes, appelle Dieu d'une invocation absolument irrésistible. Dieu est là. Et la force du cœur brisé vient de ce que la pitié divine est en lui, et dans cette pitié de Dieu même, je sens et touche deux choses : l'amour immense, et la promesse inéluctable que pas une larme ne peut tomber, ni même un seul cheveu de la tête du dernier des hommes, sans que notre Père ne recueille et ne bénisse dans l'éternité ce sacrifice ou cette douleur. Amis, la pitié même de Dieu ! la pitié même que Dieu éprouve, ne l'avez-vous jamais sentie ! Ici j'hésite ; car j'ignore si cette pitié divine peut être ressentie par ceux qui ne communient pas, et qui n'ont pas reçu le corps, le sang de Jésus-Christ, avec son âme et sa divinité !

Or, Messieurs, je veux essayer de vous dire, avec quelque détail, comment la pitié divine vient à l'âme, pitié sainte et sacrée, qui est la force d'impulsion et l'origine des mouvements.

Puis je vous en montrerai le premier effet nécessaire; puis le but suprême en ce monde.

PREMIÈRE PARTIE.

Messieurs, pour vous faire bien comprendre comment vient la pitié divine, je vous demande, aujourd'hui encore, la permission de parler comme les physiciens lorsqu'ils décrivent leurs expériences, et de vous dire aussi : Voici les faits, faits de ma vie. dont je suis témoin. J'ai observé cela tel jour et dans telles circonstances. Ceci est mon expérience personnelle ; je l'ai vu de mes propres yeux.

Eh bien ! voici les faits ; j'ai vu de mes propres yeux ce qui suit. Après deux années d'un retour plein d'enthousiasme à la foi catholique, voici ce qui m'est arrivé.

Je vivais dans la joie de posséder la

vérité, et d'avoir consacré ma vie, de tout mon cœur et de toutes mes forces, et sans partage, au culte de la vérité. Ce qui survint alors est très-étrange, et je ne puis l'exprimer d'abord qu'en des termes obscurs que la suite expliquera.

Il s'opéra en moi, sans moi et malgré moi, la critique radicale de la vérité possédée. Ma vie entière, et, si j'ose le dire, la vie même de Dieu, se mit en lutte avec la vérité telle qu'elle était en moi. Cela ne vint ni par recherche, ni par raisonnement, mais par état vivant, inconscient et involontaire.

Laissez-moi vous dire, chers amis, les circonstances de cet événement d'âme, lesquelles me reviennent en ce moment à la mémoire avec vivacité ; car ces choses se passaient près d'ici, dans l'illustre maison dont les murs touchent à ceux de cette chapelle. Enfermé dans l'austère et scientifique enceinte, je me livrais avec ardeur à l'étude des sciences, et avec une joie sans partage à la méditation philosophique des admirables lois de la nature. Mais, peu à peu, il me sembla que le fond de mon âme s'inquiétait, et, se distinguant de plus en plus de mon intelligence et de ma volonté, entrait en contraste croissant avec ce que je voulais et pensais.

Il semblait que le fond substantiel et impersonnel de mon être disait à ma raison et à ma volonté : Qu'est-ce que la vérité? Qu'est-ce que cette vérité à laquelle vous vous êtes livrées?

Puis de ce fond mystérieux s'élevait le murmure que voici :

Quel est mon avenir, et quel est l'avenir du genre humain? Où est le bonheur, pour le genre humain et pour moi?

Je vais passer ma vie sous l'austère discipline catholique : j'ai vingt ans, et toute ma vie sera dominée par cette loi ; je suis assuré qu'elle est vraie, et je dois m'y soumettre : c'est mon devoir et c'est ma volonté. Mais je vais donc vivre sans joie jusqu'à la mort, forcé de mépriser cette terre, de mépriser cette vie, d'en demander au plus tôt le terme, afin d'aller au ciel ! Il faut s'asseoir ici, comme le disait Pascal, dans cette vallée de larmes, en pleurant, et en attendant la délivrance. Tel était le premier murmure.

Ce mépris de la terre et de la vie présente n'était point un précepte qui me fût imposé du dehors : c'était une impression passive. Je voyais toute cette terre comme un globe de poussière et de boue. Sur cette poussière et sur cette boue était jeté mon corps, comme une plante fanée qu'on a jetée dans le chemin. Puis, au-dessus, le ciel !

Mais qu'est-ce que le ciel, et quelle est sa félicité ? C'est la vue, la vue éternelle, de l'essence même de Dieu.

Et le ciel, à son tour, me paraissait vide, semblable à l'Élysée mythologique, séjour des ombres.

Un ciel vide sur un rocher nu, un nuage terne sur un globe de poussière, voilà donc mon séjour pour le temps et pour l'éternité.

Et alors une tristesse mortelle s'emparait de mon âme ; les ténèbres m'enveloppaient ; des terreurs indicibles et inexplicables me torturaient.

Rien ne peut exprimer ces souffrances d'âme, d'esprit et de corps ; ma chair même et mes os étaient comme transpercés de douleur et de crainte.

Ces tortures durèrent fort longtemps

et paraissaient devoir durer toujours. Ce mal, je ne le croyais pas guérissable. Je cherchais en vain, et je cherchais presque sans espérance, quelque appui dans la prière, dans la communion et dans la vigoureuse saveur de la sainte Écriture.

Un jour, je découvris avec le plus grand étonnement, dans le prophète Jérémie, des plaintes qui étaient l'expression magnifique et parfaite de celles que, malgré moi, proférait mon âme. Écoutez ces murmures contre Dieu :

« Il m'a guidé !... il m'a fait arriver
« aux ténèbres, et non à la lumière !

« Il a tourné et retourné sa main sur
« moi.

« Il dessèche ma peau et ma chair;
« il brise mes os.

« Il m'a emprisonné. Il m'a enve-
« loppé de fiel et de douleur.

« Il m'a plongé dans un lieu téné-

« breux, comme les morts pour l'éter-
« nité.

« Mon âme a été repoussée de toute
« paix. J'ai oublié l'existence de tout
« bien.

« J'ai dit : Tout mon avenir est brisé,
« et mon espérance est perdue.

« Ma vie est tombée dans un gouffre :
« un rocher a été mis sur moi. »

Vous ne sauriez comprendre, si vous
n'avez traversé cette épreuve, combien
toutes ces paroles terribles étaient pour
moi des réalités. Je souffrais dans l'esprit, dans l'âme et dans le corps, toutes
ces tortures.

Aujourd'hui je comprends cette épreuve et ce que Dieu voulait.

La souffrance, même physique, re-
doublait en deux occasions. Quand la
moindre pensée d'orgueil, le moindre
mouvement ou sentiment de vanité s'éle-

vait en moi, j'éprouvais aussitôt, par contre-coup, dans l'âme et dans le corps, comme un choc électrique douloureux, que je ne puis décrire qu'en disant avec Jérémie : « Il a brisé mes os ; il m'a frappé la tête. »

Ou bien, s'il m'arrivait de commettre un acte ou de dire un mot qui blessât quelqu'un ; si je pouvais supposer une âme attristée, humiliée par moi, je sentais aussitôt une si cuisante douleur que, plus tard, j'ai compris par là l'un des sens de la menace évangélique : « Qui- « conque dit à son frère la plus légère « injure, sera digne du supplice du feu. » J'éprouvais, dans l'âme et le corps, une sorte de supplice du feu.

Or voici où me conduisit cette épreuve.

Peu à peu, sans que mes réflexions ni mes efforts y eussent aidé, les souffrances se calmèrent, et la vie semblait revenir, presque imperceptible d'abord, et avec alternances, comme revient le printemps. La vie, dis-je, c'est-à-dire quelque foi dans la possibilité du bonheur, quelque espérance pour moi et pour le monde, quelque chaleur et quelque séve recommençaient à se faire sentir, comme quand la nature se ranime, non par l'effort de l'homme, mais par le mouvement du globe et par le progrès du soleil.

Mais comment, sous quelle forme, avec quels sentiments et quelles idées la vie revenait-elle ?

La vie me revenait sous forme d'amour, et sous forme d'amour du prochain. La vie ne me revenait pas sous forme d'amour mystique et solitaire d'un Dieu caché, régnant au loin dans un ciel invisible ; mais elle me revenait sous forme d'amour pour mes frères, présents et visibles sur terre. Vous cherchiez à me mettre au cœur, ô Jésus! mon maître adoré, mon frère visible, mon divin ami, vous qui, depuis deux ans, m'aviez nourri plus de cent fois de votre chair et de votre sang, vous cherchiez à me mettre au cœur votre loi; votre loi, dis-je, telle qu'elle est déclarée dans l'Évangile; loi d'après laquelle seule on sera rejeté ou sauvé; loi dans laquelle vous nous enseignez que les hommes, les pauvres et les malades, les captifs et les affamés, sont vous-même, sont vos propres membres, sont comme le sacrement de votre adorable présence; que celui qui les néglige vous néglige; et que celui qui les aime vous aime, que celui qui les sert vous sert.

Et ce n'est pas par des discours semblables à des discours humains que Dieu cherchait à ranimer ma vie; c'était par

17.

des sentiments substantiels et des visions pleines de lumière, ou, pour mieux dire, c'était une seule vision et un seul sentiment.

Peu à peu j'entrevis et je vis, de plus en plus clairement, presque continuellement, pendant deux ou trois mois, le plus grand et le plus ravissant des spectacles, savoir : une ville dont tous les habitants s'aimaient ! Ah ! Messieurs, ces simples paroles : « une ville dont tous les « habitants s'aimaient, » je les ai souvent prononcées au dehors, je les ai racontées de mon mieux ; mais elles n'ont jamais fait à personne l'effet qu'elles ont toujours produit et qu'elles produisent encore sur moi. On n'a pas vu cette ville. Moi, je l'ai vue.

Pendant ce merveilleux printemps, je voyais, je sentais dans mon cœur, dans mes sens, dans mon intelligence et dans mon imagination, avec toute la lumière et toute la force de poésie que Dieu seul peut donner, quelque chose des beautés et des félicités de cette admirable patrie.

Cette cité n'était pas le ciel même. C'était, sur la terre, une plus grande réalisation qu'on ne l'a vue encore, de la divine prière : « Que votre règne ar-« rive ; que votre volonté soit faite en « la terre comme au ciel. » J'ai entrevu ce qui pourrait se passer sur la terre si l'on pratiquait l'Évangile , selon ce qu'enseigne saint Augustin lorsque, dans la *Cité de Dieu*, il dit : *Et terras vitæ præsentis ornaret sua felicitate respublica, et culmen vitæ æternæ beatissime regnatura conscenderet*. « La société hu-« maine, dans la vie présente, serait l'or-« nement de cette terre par sa félicité, et « monterait vers la vie éternelle pour y ré-

« gner dans le bonheur. » Oui, certes, si dans une ville les âmes pouvaient avoir l'amour réel que Dieu voulait me donner alors, il en serait ainsi. Cette ville embellirait la terre et s'élèverait vers le bonheur éternel et divin.

Je vivais dans cette ville avec une incroyable félicité : j'en voyais les maisons, les rues, les habitants ; il n'y avait pas là un seul menteur, ni un seul traître ; tous se fiaient à tous, se soutenaient, se défendaient avec ardeur ; la plus légère souffrance, la moindre peine accumulait vers celui qui souffrait toute l'énergie de tous les cœurs. Tout était noble, tout était digne, généreux, courageux ; tout était plein d'une lumineuse sérénité. La mort régnait encore, puisqu'on était sur terre ; mais avec quel espoir, et au milieu de quel amour, de quelles tendresses, de quels hymnes et de quels adieux s'en allaient les mourants! La mort arrachait au mourant et aux vivants une larme et un sourire, et l'on relevait aussitôt la tête avec confiance pour reprendre la marche sacrée, le travail saint vers Dieu. Dans cette céleste ville, où tous les habitants s'aimaient, tous se rencontraient avec joie, connus et inconnus, et tous voyaient dans tous des frères, des sœurs, de même cœur, de même âme, de même sang. Mon âme entrait dans le détail et rencontrait les hommes dans les rues ou les places. Je n'oublierai jamais ce groupe de femmes que j'aperçus devant cette petite et humble maison d'un faubourg. C'étaient des moindres de la cité. Mais quelle surnaturelle beauté! quelle royale dignité! quelle gracieuse et sainte contenance! quelle clairvoyante sagesse dans leur regard! quelle lumière purificatrice dans leurs yeux ! quelle musique du ciel dans leur voix ! quel amour ! quel amour dans leur accueil lorsque je m'avançai vers elles plein de confiance, de bonheur et d'admiration ! Je pus comprendre dans leur regard l'esprit, la vie et la félicité de la ville sainte.

Je ne puis pas ne pas me souvenir ici de ces grandes paroles de l'Apocalypse : *Vidi civitatem sanctam Jerusalem novam descendentem de cœlo a Deo.* « J'ai « vu la cité sainte, la Jérusalem nou- « velle descendue du ciel et envoyée de « Dieu. »

Et cette hymne de l'Église :

> Cœlestis urbs Jerusalem !
> Beata pacis visio !

« Jérusalem ! cité céleste ! ô bienheu- « reuse vision de paix ! » Oui, ce que Dieu me donnait alors, c'était une bienheureuse vision de paix ; c'était l'intelligence et comme la vue des biens que la nouvelle Jérusalem, descendue du ciel sur la terre, pourrait répandre sur le monde, si les peuples lui obéissaient. Mon cœur et ma raison, et je dirai presque mes yeux, ont vu cela! La belle cité demeura devant moi comme vivante, pendant des mois entiers. L'impression en fut encore très-forte et très-fréquente pendant bien des années, et, du reste, elle n'a cessé de faire comme le fond de ma vie, de mes idées et de mes sentiments. J'élève toujours mes regards vers cette bienheureuse ville, pour comprendre la vie, la mort, le monde, l'histoire, l'Église, l'avenir.

Cette vision m'a rempli d'une indomptable conviction et d'une espérance inflexible. Malgré de très-cruelles épreuves, dont la plus effroyable est le péché, cette joie, cette espérance, n'ont pas été vaincues jusqu'aujourd'hui. Depuis ce temps, j'ai cessé de comprendre que l'homme pût employer sa vie à autre chose qu'à cultiver la terre, je veux dire ce paradis terrestre, et le défendre contre le mal! *Ut operaretur illud et custodiret.* J'ai compris la mission d'Adam, le devoir de l'homme sur la terre. J'ai compris le mot de saint Chrysostome : « Vous n'avez pas seulement à « vous occuper de votre propre salut, « mais vous avez à rendre compte du « monde entier. » *Non de vestra tantum salute, sed de universo orbe vobis ratio reddenda est.* J'ai compris le Sauveur regardant la moisson terrestre et disant : « Il y a peu d'ouvriers. » Je n'ai cessé et ne cesse de gémir de ce que, dans l'état actuel du monde, un si petit nombre d'hommes comprennent ces choses et s'y dévouent. On se trompe sur la vie, on se trompe sur le bonheur. La vie est donnée à chaque homme pour qu'il puisse dire à la fin, avec notre maître Jésus : « Mon Père, j'ai accom- « pli l'œuvre dont vous m'avez chargé. » *Opus consummavi, Pater, quod dedisti mihi ut faciam.* Ceci est le devoir. Mais c'est en même temps le bonheur, l'uni- que bonheur possible et le plus grand des bonheurs concevables, au-dessous de la félicité du ciel.

Lorsque, dans la sainte Écriture, Sa- lomon crie : « Vanité des vanités, et tout « est vanité ! » il étonne par la manière dont il semble tout rejeter, même la science, même la sagesse, pour nous apprendre à ne chercher que la joie, la paix et le bonheur. Eh bien ! cela est su- blime et divin. C'est l'éternelle et abso- lue vérité. C'est la vie telle qu'elle me fut montrée alors. C'est la vie telle que je

la comprends plus que jamais, un quart
de siècle après ce premier enseignemeht.
« J'ai enfin reconnu, dit le Sage, qu'il
« n'y a rien de mieux que la joie, et
« l'œuvre de la vie... j'ai compris qu'il
« n'y a rien de mieux pour l'homme
« que de puiser le bonheur dans son
« œuvre. Voilà son partage. » Or cette
œuvre, c'est celle dont nous devons tous
dire, avec notre Modèle : « Mon Père,
« j'ai achevé l'œuvre dont vous m'avez
« chargé. » Voilà la vie, la joie et le
bonheur !

O mon Dieu ! ne pas comprendre que
votre terre est cultivable, que vos âmes
sont des germes ! Ne pas comprendre
que l'humanité est le champ de Dieu !
Vos Dei agricultura estis ; que Dieu
le Père est le laboureur ! *Pater meus
agricola est,* et que nous sommes ses
serviteurs ses amis, ses ouvriers dans

ce travail ! *Dei adjutores sumus.* Ne pas
voir les immenses progrès implicites,
moraux, intellectuels et sociaux qu'a dé-
posés le Christianisme dans le monde !
Ne pas voir toutes les grandes choses
possibles dans toutes les âmes ! Ne pas
voir l'opération du Verbe, qui cherche
à les éclairer toutes, en tout temps, en
tout lieu ! Ne pas voir dans les âmes
l'image de Dieu ! Ne pas aimer d'amour
toutes les âmes ! N'être pas pour les
âmes un amant empressé ! Ne pas comprendre que Jésus-Christ dit à chacune :
Je t'aime ! je veux verser mon sang pour
toi ! Permettre, quand on peut l'empêcher, que les hommes se méprisent, se
haïssent et se tuent ! que les nations
soient divisées par d'indignes aveugle-
ments et des haines incurables ! que les
hommes, au lieu de se soutenir tous
entre eux contre la nature rebelle, con-

tre les fléaux et la mort, et avant tout contre le mal, source des grands fléaux et de la mauvaise mort, consument leurs forces à se détruire, chacun pour soi par le vice et la volupté, et à détruire autrui par l'avarice, l'orgueil, la colère et la haine !

O Dieu ! je ne demande pas que tous les hommes, je ne demande pas que beaucoup d'hommes, dès aujourd'hui, comprennent ces évidences, plus visibles pourtant que le jour. Oh ! non, ce serait trop. Mais je demande, ô Dieu ! qu'un plus grand nombre d'hommes, que les meilleurs, que ceux qui sont déjà sur le chemin de la lumière ouvrent les yeux, et voient enfin où est la vie, la joie, l'amour, le devoir, le bonheur.

Voilà, chers bien-aimés, ce que j'ai vu. J'ai vu la terre promise : donc elle existe. J'ai vu la possibilité de nous y établir si nous voulons. J'ai vu la possibilité de consoler la terre et de guérir les hommes plus qu'on n'ose l'espérer encore. Voilà ce qui m'a donné, avec la pitié sainte, source des forces, la bienheureuse conviction active, définitive et confirmée.

Et maintenant, chers bien-aimés, si vous avez en vous cette pitié sacrée, cette bienheureuse et divine charité, ou seulement la soif, l'estime et l'espérance de ce bien souverain, je veux vous dire quel en doit être le premier effet, et quel est le premier devoir que vous impose ce grand bonheur.

DEUXIÈME PARTIE.

Le premier fruit de la pitié divine, et de la vigoureuse et bienheureuse conviction qu'elle donne, le premier que Dieu redemande à ceux auxquels il a confié ce don sacré, c'est l'amour actuel, vrai, pratique de la justice présente. Je n'entends pas parler de la justice abstraite et générale, de la justice dans l'avenir ou dans le passé. Chacun accepte la justice éloignée. Il s'agit de celle qui nous touche, qui est concrète, contemporaine, vivante, visible. Il s'agit de la justice non mutilée, de celle qui est pour nous et de celle qui est contre nous. Jusqu'à présent, ni les hommes, ni les peuples ne veulent de la justice actuelle

et entière. Doué de raison, l'homme connaît la justice abstraite. Mais la justice
du moment présent, celle qui vit et nous
touche, cette justice-là n'est pas beaucoup plus puissante parmi nous que chez
les animaux. Comme eux, dans la vie
réelle, nous suivons l'instinct et la force,
et rien de plus.

« Hypocrites, dit le Maître des hom-
« mes, vous savez discerner les appa-
« rences physiques du ciel et de la terre,
« et prévoir le lendemain : pourquoi
« donc ne savez-vous pas juger le temps
« présent ? Pourquoi ne jugez-vous pas
« par vous-mêmes les choses de la jus-
« tice : » *Hoc autem tempus quare non*
probatis ?... Quid autem et a vobis ipsis
non judicatis quod justum est ?

C'est de cette hypocrisie-là, Messieurs,
que nous délivre la pitié divine, et l'é-
nergique conviction qu'elle donne. C'est

par vous-mêmes, *a vobis ipsis*, par votre
cœur ardent et clairvoyant, que vous
devez juger ce qui est juste en ce temps-
ci. Toute la justice, actuelle et contemporaine, est votre affaire propre, votre
grand intérêt personnel, si vous êtes les
enfants de Dieu. Vous ne pouvez pas
plus supporter qu'on l'insulte, qu'on la
soufflette, qu'on la foule aux pieds sous
vos yeux, que vous ne supportez l'insulte pour votre sœur ou votre mère ;
car la justice est votre mère, et elle est
votre sœur.

Messieurs, vous que j'exhorte à terminer le moyen âge, à traverser la phase
de vérité ; vous à qui je me suis efforcé
de montrer que le point précis où il faut
appliquer nos forces, c'est, si nous voulons que le poids du monde et la force
de Dieu soient pour nous, c'est, en ce
siècle, l'organisation véritable de l'œu-

vre scientifique ; je dois vous dire pourtant qu'avant cela encore, avant de terminer le second âge du monde moderne, il faut au moins achever ce qu'eût dû accomplir le premier. La première veille évangélique a lutté jusqu'au sang pour convertir le paganisme et transformer la barbarie ; elle n'a pu tout achever. Mais aujourd'hui du moins les grands scandales païens, les grands scandales barbares doivent cesser parmi nous. Nous les avons supportés trop longtemps. Aujourd'hui enfin c'est assez ; le monde s'arrête ; la civilisation chrétienne ne peut pas faire un pas de plus, tant que ces effroyables obstacles à la vie de Dieu ne seront pas vaincus.

Or il y a quatre scandales principaux à enlever immédiatement.

Il ne se peut que l'esclavage subsiste plus longtemps sur la terre : ou, pour mieux dire, il ne se peut que l'esclavage renaisse au milieu des peuples chrétiens.

Il ne se peut qu'une nation chrétienne, au cœur même de l'Europe, au centre de gravité de notre continent, soit partagée et possédée par droit de simple brigandage, soit continûment écrasée dans le détail, et périodiquement égorgée en grand[1].

Il ne se peut qu'un autre peuple soit en Europe, sous prétexte d'union, séquestré et privé de pain par un peuple plus fort[2].

[1] Voir l'excellent ouvrage du **P. Lescœur**, sur la Pologne.

[2] **Au sujet de l'état actuel de l'Irlande, il faut lire** l'*Étude sur l'Irlande contemporaine*, du Père Ad. Perraud, de l'Oratoire. Cet ouvrage, aussi admirable par la richesse et l'exactitude des informations, et le saisissant intérêt de l'exposition, que par l'exquise modération et l'esprit de justice en tous sens qui n'abandonne jamais l'auteur, ce livre, que l'évêque d'Orléans appelait un chef-d'œuvre, et que je regarde comme tel, est, sur l'état actuel de l'Irlande (1863), ce qu'était pour l'Irlande de 1830, avant les réformes, le

Il ne se peut que l'empire turc, cette organisation théorique et pratique de l'iniquité sur la terre, abrutisse, étouffe, stérilise longtemps encore les plus belles contrées de l'Europe [1].

Il ne se peut enfin que nous supportions plus longtemps l'insolence de la politique effrontée qui soutient dans le monde entier les quatre grands scandales.

Quiconque ne voit pas cela, Messieurs, ne peut compter au nombre des ouvriers ou des soldats de Dieu, et mérite ce re-

beau livre de M. Gustave de Beaumont, lequel, d'ailleurs, conserve et conservera, comme monument historique, son extrême importance et son vif intérêt.

On pourrait dire que, l'un sans l'autre, ces deux ouvrages sont incomplets : le premier montre ce qui était en 1830, et le second ce qui s'est fait depuis 1830, par les hommes de cœur d'Irlande et d'Angleterre, et ce qui reste à faire pour que l'Irlande cesse d'être une nation séquestrée et privée de pain par une nation sœur et maîtresse.

[1] Au sujet de l'empire turc, voyez le livre intitulé : LA PAIX, *ou Méditations historiques et religieuses.*

proche du Seigneur : Pourquoi donc ne jugez-vous pas par vous-même les choses de la justice ?

Ne parlons ici que des deux grands scandales qui, en ce moment même (1863), versent à flots le sang humain : la guerre pour l'esclavage, et l'égorgement de la Pologne.

Pour ce qui est de l'esclavage, Messieurs, je vous ai cité les paroles sacriléges du chef actuel des États à esclaves.

Le malheureux blasphémateur ose appliquer à l'esclavage ces mots que le Sauveur s'appliquait à lui-même : *Lapidem quem reprobaverunt ædificantes, hic factus est in caput anguli.* « L'escla-« vage, dit-il, est le fondement de notre « société. Cette pierre que voulaient reje-« ter nos architectes est devenue la pierre « angulaire de notre nouvel édifice. »

Je vous ai lu aussi, je crois, ce qui, au-

jourd'hui même, s'écrit chez les esclava-
gistes : « Jusqu'à présent les apologistes
« de l'esclavage restaient à mi-chemin.
« Ils se bornaient à défendre l'esclavage
« des nègres, renonçant ainsi à la défense
« du principe même de l'esclavage, et
« admettant que les autres formes de
« l'esclavage sont mauvaises... Le *Sud*
« soutient aujourd'hui que l'esclavage
« est bon, naturel et nécessaire. Quoi-
« que évidemment les nègres doivent être
« plutôt esclaves que les blancs, car ils
« ne peuvent que travailler, et non di-
« riger, cependant le principe de l'es-
« clavage en lui-même est bon, et ne
« dépend pas de la différence des ra-
« ces [1]. »

Voilà où, après dix-neuf siècles de
christianisme, après l'abolition de l'esclavage européen par l'Évangile, voilà

[1] *Enquirer* de Richmond, avril 1863.

où en sont revenus aujourd'hui ces chré-
tiens-là.

Messieurs, permettez-moi de vous lire
un chapitre inédit de Morale que j'écrivais à l'époque où la question de l'esclavage commençait à diviser les États-Unis,
mais où les plus compétents politiques
disaient encore : « Ne craignez rien, ils
ne se battront pas. » J'écrivais ceci :

« Faut-il qu'il y ait lieu, aujourd'hui
encore, après vingt siècles de christianisme, de parler d'une autre forme de
l'iniquité qui est tout à la fois l'homi-
cide et la spoliation, je veux dire l'esclavage, la possession de l'homme par
l'homme !

« Faut-il que les États-Unis d'Amérique que, dans notre jeunesse, nous ap-
pelions les initiateurs du progrès et de
la liberté, nous forcent à parler de cette
grande abomination que l'Évangile sem-

blait avoir détruite, mais qui se relève aujourd'hui avec une impudence d'apostasie à l'égard de la loi du Christ, dont l'histoire des peuples modernes n'offre pas d'autre exemple !

« Relisez le dernier message du président des États-Unis (1860), cette pièce la plus honteuse qu'aucun gouvernement ait osé présenter au monde depuis des siècles, vous y verrez « le respect dû aux « droits sacrés de la propriété » de l'homme par l'homme.

« Je dis que ces paroles coupables et sacriléges, prononcées par le chef d'un grand peuple, devaient attirer sur ce peuple ce qui est sur le point d'éclater. L'iniquité qui est en eux, la haine et la fureur dont les remplit leur conscience bourrelée, va les briser et les partager en deux peuples, qui seront, parmi tous les peuples de la terre, les deux plus irré-

conciliables ennemis. Ces frères vont s'é-
gorger entre eux ; ils s'y préparent en
ce moment.

« Voilà ce qui va survenir, et puisqu'ils
osent parler de l'Ancien Testament pour
soutenir leur iniquité, je veux leur faire
lire les prophètes, et leur montrer dans
Jérémie leur histoire et leur condamnation. Ce qui suit est le texte de Jérémie :

« Voici ce qui fut révélé à Jérémie
« après les prédications de liberté faites
« à Jérusalem. Le Seigneur avait dit :

« Que chacun d'entre vous congédie
« son esclave et sa servante, et les
« rende à la liberté ; n'ayez plus en votre
« pouvoir vos frères, Hébreux comme
« vous [1]. »

---

[1] 9. Ut dimitteret unusquisque servum suum, et
unusquisque ancillam suam, Hebræum et Hebræam
liberos : et nequaquam dominarentur eis, id est in
Judæo et fratre suo.

10. Audierunt ergo omnes principes et universus

« Les chefs du peuple et tout le peuple
« entendirent ces paroles. Ils obéirent,
« chacun rendit la liberté à ses esclaves.

« Mais voici que, peu de temps après,
« ils reviennent à leur crime. Ils rap-
« pellent les esclaves qu'ils avaient ren-
« dus libres, et ils les remettent sous le
« joug.

« Voici donc la parole du Seigneur à
« Jérémie, pour Israël :

populus, qui inierant pactum ut dimitteret unusquisque servum suum, et unusquisque ancillam suam liberos, et ultra dominarentur eis : audierunt igitur, et
dimiserunt.

11. Et conversi sunt deinceps : et retraxerunt ser-
vos et ancillas suas, quos dimiserant liberos, et subju-
gaverunt in famulos et famulas.

12. Et factum est verbum Domini ad Jeremiam a
Domino, dicens :

16. .... *Et reversi estis, et commaculastis nomen
meum : et reduxistis unusquisque servum suum, et
unusquisque ancillam suam, quos dimiseratis ut es-
sent liberi et suæ potestatis : et subjugastis eos ut sint
vobis servi et ancillæ.*

17. Propterea hæc dicit Dominus : Vos non audis-

« Après le pacte que vous avez fait
« avec moi, vous êtes retournés en arrière,
« et vous avez déshonoré mon nom. Vous
« avez repris vos esclaves, ceux que vous-
« même aviez faits libres, et vous les avez
« remis sous le joug. »

« Eh bien ! voici ce que dit le Sei-
« gneur : Vous ne m'écoutez pas, et vous
« ne voulez pas annoncer à vos frères et
« à vos amis la loi de liberté. C'est donc

tis me, ut prædicaretis libertatem unusquisque fratri
suo, et unusquisque amico suo. ECCE EGO PRÆDICO
VOBIS LIBERTATEM, ait Dominus, AD GLADIUM, AD PES-
TEM, ET AD FAMEM : et dabo vos in commotionem
cunctis regnis terræ.

18. ET DABO VIROS, qui prævaricantur fœdus meum,
VITULUM QUEM CONCIDERUNT IN DUAS PARTES, ET
TRANSIERUNT INTER DIVISIONES EJUS

19. Principes Juda et principes Jerusalem, Eunu-
chi et Sacerdotes, et omnis populus terræ, qui transierunt inter divisiones vituli.

20. Et dabo eos in manus inimicorum suorum, et
in manus quærentium animam eorum : et erit morti-
cinum eorum in escam volatilibus cœli, et bestiis
terræ.   (*Jeremias*, caput XXXIV.)

« moi, le Seigneur, c'est moi qui vais
« prêcher pour vous la liberté, la liberté
« du glaive, celle de la peste et celle de
« la famine, et entre tous les peuples de
« la terre, je vais vous secouer.

« Et je vais vous traiter, peuples de
« prévaricateurs qui brisez mon alliance,
« oui, je vais vous traiter comme le sa-
« crificateur traite le jeune taureau qu'il
« coupe en deux parties.

« Les peuples pourront passer entre
« les deux moitiés sanglantes du taureau
« divisé. »

« Voilà ce que dit le Seigneur, et voilà
ce qui est sous nos yeux !

« Peut-être, Pharisiens, ne compre-
nez-vous pas, et vous voulez discuter le
texte.

« Je vais vous le traduire :

« Dieu a révélé au prophète Jérémie ce
qui vous arrive aujourd'hui.

« L'Evangile vous avait prêché la liberté, et avait dit : Que chacun renvoie ses esclaves ; que nul n'ait plus en servitude ses frères, chrétiens comme lui.

« C'est ce qu'ont fait tous les peuples chrétiens.

« Mais vous, peuples des États-Unis, vous êtes retournés en arrière, vous avez repris des esclaves, et vous avez remis sous le joug, comme on y met les bêtes, des hommes et des chrétiens.

« Voici donc ce que dit le Seigneur : Je vous avais tirés de la servitude des démons, et je vous ai tirés aussi et par deux fois de la servitude d'Angleterre, votre Égypte.

« Et j'espérais que vous seriez un peuple de justice et de liberté.

« Mais vous avez déshonoré mon nom : seuls parmi les peuples chrétiens, dans la lumière de l'Évangile, vous avez rétabli l'esclavage que j'avais aboli dans le monde.

« Vous l'avez rétabli en fait, puis affermi et développé, et maintenant vous le proclamez en principe et vous l'érigez en doctrine. Eh bien ! moi le Seigneur, puisque vous ne voulez pas annoncer aux captifs la liberté , moi je vous livre à la liberté de la guerre , de la faim et de l'extermination, et, comme le sacrificateur qui coupe en deux le jeune taureau, je vais vous partager en deux parties, et tous les peuples de la terre le verront ; et ils pourront passer entre les deux moitiés sanglantes du taureau divisé.

« Chrétiens et frères des États-Unis d'Amérique, voilà quelle est pour vous la justice rigoureuse, le châtiment probable ! Mais je prie Dieu de toute mon âme, s'il en est temps encore, de vous sauver. »

Ce qui précède était écrit en 1860. Ici s'arrête le manuscrit. La prière n'a pas eu le temps de monter. Le châtiment, qui n'était alors que probable, sévit aujourd'hui sous nos yeux. Le glaive de Dieu a partagé en deux moitiés sanglantes le jeune taureau, par un coup à la fois plus subit et plus épouvantable que je ne prévoyais. Les torrents de sang coulent avec une abondance et une violence que je n'aurais pas cru possible, et voici que les autres nations de la terre commencent en effet à passer entre les deux moitiés sanglantes du taureau divisé. Voilà, Messieurs, quant à l'esclavage, la moralité de l'histoire.

Passons au brigandage et à l'égorgement qui, sous nos yeux, au cœur même de l'Europe, veut achever en ce moment même d'exterminer une nation chrétienne.

Supprimer une nation dans le système européen, disait de Maistre, c'est quelque chose comme vouloir supprimer une planète dans le système solaire ; c'est mutiler l'Europe ; c'est vouloir enlever un bras au corps social européen ; c'est un crime impossible que l'on perpètre depuis cent ans, et qui se démontre aujourd'hui plus impossible qu'il y a cent ans.

Mais, Messieurs, de peur de paraître ici déclamer, je me borne à soutenir sur ce point une note diplomatique adressée par Louis XVIII au prince de Talleyrand.

« Le partage qui raya la Pologne du « nombre des nations, disait le roi de « France, fut le prélude, en partie la cause « peut-être, et jusqu'à un certain point « l'excuse des bouleversements auxquels « l'Europe depuis a été en proie. »

Veuillez, Messieurs, remarquer d'abord que l'opinion qui voit, dans le partage de la Pologne, le prélude, la cause et l'excuse des sanglantes catastrophes et des révolutions violentes dont souffre l'Europe depuis un siècle, cette opinion est l'opinion de tout le monde. Vous connaissez cette image usée, usée parce qu'elle est bonne, et que voici : « Pourquoi l'Europe est-elle sur un volcan ? Parce qu'il y a, dans sa constitution présente, une nation écrasée, comme le géant sous la Sicile, et chaque fois que le peuple écrasé remue, le sol tremble dans toute l'Europe, et le cratère recommence à vomir du feu. »

Cela n'est-il pas évident ? Ne sommes-nous pas en ce moment même menacés d'une guerre générale, parce que l'écrasé se remue ?

Point de paix pour l'Europe depuis un siècle ; point de repos ; rien d'établi.

Nous sommes en équilibre instable parce que nous sommes dans l'iniquité.

L'instabilité frappe les yeux. Voici un mal plus inaperçu parce que nous y sommes nés et n'avons pas connu de jours meilleurs ; mais, je vous prie, n'est-il pas vrai qu'il n'y a plus en Europe de joie publique depuis un siècle ? Plus de joie, parce que la conscience européenne est troublée par le plus grand de tous les crimes du monde moderne.

Considérez, Messieurs, que, selon la raison, la conscience, la religion, les nations sont des êtres providentiels, naturels, sacrés, sacrés comme la personne, sacrés comme la famille, et plus que la personne et la famille, si la patrie, après l'humanité, est le plus grand des objets humains. Comment comprendre, Messieurs, qu'en plein temps de civilisation chrétienne l'Europe ait laissé commettre et commis l'épouvantable crime de tuer une nation et de dépecer une patrie ! Était-ce possible sans la rencontre, sur deux trônes absolus et voisins, d'une Messaline et d'un roué, s'unissant comme bandits dans l'ombre, et puis faisant leur coup pendant le sommeil de la France sous Louis XV ?

Tuer un peuple, dépecer une patrie ! l'Europe chrétienne a commis ce crime. Tant qu'elle ne l'aura pas maudit et réparé, l'Europe est en état de péché mortel. Jusque-là plus de paix ; l'Esprit de Dieu consolateur ne viendra pas rendre aux nations la confiance et la joie. La marche d'ensemble des sociétés vers le progrès est arrêtée.

Messieurs, il y avait dans une maison sept frères. Trois d'entre eux, sous les yeux des trois autres que l'indifférence ou la peur tient immobiles, se jettent sur l'un des sept. Ils l'égorgent, le coupent en morceaux, et se partagent son or et son argent. Famille de monstres! Or cette famille, c'est notre Europe, tant qu'elle est dans ce crime.

Que le sens moral n'hésite pas, embarrassé sous la sottise coupable qui trouve exagérée cette assimilation des crimes publics aux crimes privés. Le crime public, Messieurs, diffère du crime privé en ce seul point : c'est qu'il est mille fois plus énorme. Au lieu de quelques larmes, au lieu de quelques gouttes de sang, mettez ruisseaux de larmes et fleuves de sang! C'est la seule différence, s'il est vrai qu'il n'y a qu'une morale, une et la même d'homme à homme et de peuple à peuple. On n'est pas assez ferme sur ce principe. On s'embarrasse de politique et de raison d'État. C'est en grand le code des bandits. Honneur à Fénelon, qui le premier a

osé dire : « On pend un pauvre mal-
« heureux qui par menace prend votre
« bourse ; on glorifie le roi qui par la
« force prend une province. Eh quoi !
« Dieu jugera-t-il ainsi ? La justice n'est-
« elle plus la justice dès qu'il s'agit des
« plus grands intérêts ? »

Messieurs, qu'est-ce donc que l'assassinat de ce frère par ses frères, comparé
à l'assassinat d'une nation, d'une nation
qui renaît toujours sous le couteau qui
toujours frappe ?

Eh quoi ! l'on déclare immoral le
spectacle de l'échafaud qui tue les assassins ; on déclare corrupteur et barbare
le spectacle de la torture qui existait
encore parmi nous il y a cent ans !
Et l'on ne saurait pas comprendre ce
qu'il y a d'immoralité corruptrice dans
le spectacle auquel l'Europe assiste depuis un siècle !

Supposons, ô mon Dieu, supposons, pour mieux sentir toute l'horreur du spectacle, que ce soit notre France bien-aimée que l'on traite ainsi, que l'on assassine et torture depuis un siècle! Écoutez et regardez bien. Voici les détails du supplice.

D'abord, depuis 1772, les assassins ont fait de la Pologne, comme on l'a fort bien dit, un abattoir d'hommes. Et cela continue sous nos yeux. Mais le meurtre ordinaire ne suffisant pas pour tuer la victime, les meurtriers, étonnés, irrités, ont commencé en 1831 l'application savante de la torture proprement dite à une nation.

Regardez ces détails :

On commence par une sorte de massacre des innocents. Un rescrit du 10 août 1832 ordonne, dans certaines conditions, l'enlèvement des enfants mâles. Les ouvriers et les soldats des villes se voient arracher la plupart de leurs enfants mâles. Dans les campagnes, on enlève les enfants des deux sexes, qui meurent sur la route par milliers. Massacre des paysans réfugiés avec leurs enfants dans les bois.

Plusieurs mères poignardent leurs fils au moment où on les arrache de leurs mains.

Adjudication publique *à minima*, pour le transport des enfants enlevés.

Suppression de l'Université de Varsovie et de toutes les écoles supérieures.

Suppression de l'Université de Wilna et de presque toutes les écoles primaires.

Déportation, sur la ligne du Caucase, de quarante-cinq mille familles nobles : plus de cent mille individus.

Proclamation d'une amnistie pour les réfugiés. Ceux qui reviennent sont aussitôt saisis et déportés.

La langue russe est proclamée langue officielle.

La moitié des églises, confisquée, est livrée au culte des oppresseurs.

La petite noblesse est privée du droit de propriété territoriale.

L'enseignement de la langue polonaise est interdit dans les écoles du gouvernement.

L'union des deux Églises est proclamée par un décret.

Martyre des religieuses de Minsk, semblable dans tous ses détails aux martyres antiques sous Néron et Dioclétien.

La procédure russe, qui est l'abolition de toute justice, est imposée aux tribunaux.

Suppression totale de l'instruction primaire dans les campagnes. Pillage, confiscations d'églises et de couvents. Martyres des prêtres et des religieuses.

Un oukase accorde aux femmes des catholiques exilés la permission de se remarier.

Un oukase du 2 janvier 1839 accorde la grâce aux malfaiteurs, voleurs et meurtriers qui renient la religion de leur patrie.

Tout écrit contre le schisme grec est puni de la Sibérie à perpétuité.

Suppression du costume polonais sous peine du knout.

La torture proprement dite est appliquée dans les prisons.

Enfin, viennent les solennels massacres de Varsovie, dans les rues et dans les églises, d'hommes, de femmes et d'enfants, qui meurent sous la mitraille en chantant l'hymne de la patrie.

Puis vient la loi de conscription, qui n'est autre que la déportation pour vingt-cinq ans, de tous les hommes que l'administration désigne.

Puis aujourd'hui, l'entreprise d'extermination qui sévit sous nos yeux.

Vous le voyez, Messieurs, c'est la torture appliquée à la fois à la personne, à la famille, à la patrie, et cela pendant la suite des générations.

Et pendant tout ce temps, c'est-à-dire depuis trente-trois ans au moins, on voit le gouvernement russe travailler ouvertement à corrompre le peuple : il favorise l'ivrognerie de toute sa force; il supprime, parfois, à main armée, les sociétés de tempérance, et il défend aux prêtres de prêcher sur la tempérance.

Le chef de l'université, dans un discours public, excite la jeunesse au plaisir et à la débauche. On travaille sans relâche à diviser le peuple, à provoquer des massacres de nobles par les paysans. Les paysans, d'ailleurs, sont amenés au schisme grec par le bâton, le knout, la ruse, l'eau-de-vie. Ils sont forcés à la communion par le sabre, par le sabre mis dans la bouche entre les dents de ceux qui ne veulent pas, pour permettre aux popes sacriléges d'introduire leur hostie.

Qu'est-ce que tout cela, Messieurs, si ce n'est la torture appliquée à la personne, à la conscience, à la famille et à la patrie? Toutes ces choses se passent encore aujourd'hui sous nos yeux. L'Europe entière n'en est-elle pas déshonorée?

Grâce à Dieu, il y a eu du moins en ce siècle un homme, un seul, qui a osé, dans un écrit public et officiel, braver

la force et l'iniquité couronnées, et dire
à un empereur de Russie : « Vous êtes
« un fourbe comme vos pères ! »

« AVITA FRAUDE ! »

Cet homme est Grégoire XVI.

Mais, Messieurs, je vous prie, qu'appelez-vous *révolution* et *révolutionnaire ?*
Entendez-vous par là violence et brisement, brisement des constitutions, suppression des traités et du droit, abolition des lois divines, humaines, écrites
ou naturelles ; écrasement des résistances
dans la terreur et dans le sang ; étouffement de la liberté de conscience ; suppression de la magistrature et de toute
justice régulière ; anéantissement de
l'individu ; violation continue et destruction, sous toutes les formes, de la famille
et de la propriété, et enfin fureurs et
massacres, et torrents de sang dans les
rues ? Certes, Messieurs, voilà bien le

plus mauvais sens que puisse recevoir le mot *révolution*. Eh bien! Messieurs, où sévit ce fléau? Il sévit dans toute son horreur, toute son hypocrisie et toute son effronterie, au centre de l'Europe, depuis un siècle, sur une héroïque et glorieuse nation de vingt millions d'hommes, et sous le sceptre de souverains qui se disent légitimes par la grâce de Dieu. Voilà le fait.

Ah! je comprends alors qu'un roi de France, que j'ai cité, ait écrit, en 1814, que ce grand crime public a été le prélude, la cause, l'excuse de tous les bouleversements qui depuis ont accablé l'Europe. Je comprends la prophétie écrite de Marie-Thérèse : « Longtemps après « ma mort on verra ce qu'il en coûte de « fouler aux pieds tout ce qui a jamais « été regardé comme juste et comme sa- « cré parmi les hommes! » Je comprends enfin Alexandre Ier, empereur de Russie, avouant et ne se lassant pas de répéter « que le partage de la Pologne avait été « un attentat dont les conséquences mo- « rales n'avaient cessé de peser sur l'Eu- « rope, et dont l'honneur et la justice « demandaient la réparation [1]. »

Voici donc, Messieurs, ce qui est ma- nifeste comme le soleil : c'est que l'Eu- rope est en état de révolution, de bou- leversement et d'anarchie, de mort mo- rale, tant que le crime européen qui as- sassine et torture un peuple n'aura pas été réparé ; tant que la vue continuelle de l'échafaud d'un peuple, la vue de l'abo- minable triomphe de la force, du men- songe et de l'iniquité, tant que ce grand scandale corrupteur des consciences, ne sera pas ôté du milieu de nous. Tout vrai progrès d'ordre et de liberté, tout

[1] Thiers, tome XVIII, p. 489.

progrès de justice générale et de paix, dans les esprits et dans la société, tout grand triomphe de la vérité est impossible, tant que ce péché mortel principal, et les autres, n'auront pas été effacés par la réparation et par l'expiation.

Là, Messieurs, est le premier devoir de tout homme qui prend à cœur le salut de l'Europe et du monde.

En ce moment (1863), si l'Europe laisse encore une fois retomber la Pologne dans le sépulcre, l'Europe aura touché le point le plus déshonoré de son histoire, et nous mourrons sans avoir vu le calme et la sérénité renaître au milieu des nations.

Que si la France en cette année même rendait à la Pologne l'existence et la liberté, la France accomplirait l'acte le plus glorieux et le plus important de sa vie nationale depuis des siècles, depuis notre miraculeuse délivrance par Jeanne d'Arc.

Quoi qu'il arrive, Messieurs, déclarons ensemble et devant Dieu solennellement que nous ne laisserons jamais aucune prescription s'établir sur cet effroyable scandale; que nous proclamerons sans cesse, avec une énergie croissante, la sainteté du droit, et que nous léguerons à nos enfants cette cause sacrée. Le monde est arrêté dans un stérile tournoiement sur lui-même, et ne peut passer outre, tant que ces grands et scandaleux obstacles ne seront pas vaincus.

Car il faut, je ne cesse de le répéter, il faut, au sein de notre civilisation, le degré de justice nécessaire, pour que la vérité soit possible, et que justice et vérité engendrent cette liberté vers laquelle nous marchons.

O Dieu, si nous avions de la foi comme un grain de senevé, en quelques jours nous transporterions ces montagnes !

TROISIÈME PARTIE.

Messieurs, un faux système contemporain a cru trouver dans l'histoire de l'esprit humain, et dans l'histoire universelle, une succession de périodes de trois moments chacune, procédant par contradictions et puis par réunion des contradictions primitives. C'est une fausse loi, contraire à l'expérience et absurde en elle-même. La vraie Loi, que je vous demande de graver dans votre mémoire et de développer dans vos esprits par la méditation, est celle qu'a posée l'Évangile. C'est la loi du développement de l'âme en ses trois facultés, et de l'histoire en ses grandes phases, correspondantes aux phases de l'âme. N'est-il donc pas visible, presque au premier aspect, que l'âme, aussi bien que le monde, au début de tout vrai progrès, ne commence ni par la clarté, ni par la liberté, mais par la Foi, c'est-à-dire par l'adhésion simple, pratique et instinctive, au vrai qui se présente à nous, à Dieu, en qui nous vivons et nous sommes ? Se peut-il que l'adhésion pratique et instinctive au vrai ne fermente point dans l'âme vers la lumière et la clarté ? Se peut-il que la lumière se développe, si sa racine, à la fois intellectuelle et morale, est extirpée par l'incrédulité ? Mais se peut-il qu'elle ne survienne pas, comme le soleil après l'aurore, si la racine est maintenue, c'est-à-dire si, par raison obscure et par volonté instinctive, l'âme tient à Dieu ? Et se peut-il, si l'homme persévère dans sa marche, que la lumière, jaillissant de la source sacrée, ne jaillisse pas de plus en plus ardente et forte, et n'engendre l'amour intelligent et libre, et les fruits de la liberté ? Voilà, Messieurs, la loi de l'âme et la loi de l'histoire : la loi des trois phases de la vie, ou des trois veilles évangéliques.

Donc aujourd'hui, quand nous aurons chassé les grands scandales sanglants qui déshonorent la terre, restes de l'antiquité satanique, — et cela se pourrait en dix ans, et moins encore, si nous le voulions, — une grande lumière sera tout aussitôt la récompense du renoncement à l'iniquité. Le monde pourra entrer enfin dans l'âge de liberté et dans la troisième veille évangélique ; phase de paix et d'union relative, phase d'amour et de liberté. Amour et liberté ! Je parle de liberté morale : liberté des âmes, liberté que les âmes auront de se développer en amour juste et lumineux, et de s'unir entre elles et avec Dieu. Je ne doute nullement qu'une époque du monde ne survienne, si nos crimes ne l'empêchent, où les peuples et les individus sortiront comme d'un rêve affreux, et, voyant clairement, par leurs yeux et par leur raison, la ruine de tous et de chacun dans l'isolement haineux, dans la stupidité de la colère, dans la féroce avidité de l'égoïsme, comprendront enfin l'Évangile, la nouvelle alliance et l'essence de la religion, et sauront employer ces forces divines à transformer le genre humain par l'incalculable vertu de l'union.

Et que serait cette époque du monde, sinon celle que l'Église catholique ne cesse d'appeler par cette prière : « Envoyez votre Esprit, et il se fera une « création nouvelle, et la face de la terre

« sera renouvelée? » Gloire à Dieu! Depuis de longs siècles, dans les églises et les écoles, partout où l'on élève des hommes, on fait répéter à l'enfance ces formules sublimes et sacrées. Comprise ou non, de la bouche des enfants sort la prière qui appelle sur le monde le règne de l'Esprit Saint.

Et comment ne pas voir que la Providence, aujourd'hui, prépare le lieu pour une nouvelle effusion de l'Esprit?

Que disent les Actes des Apôtres lorsqu'ils racontent la première Pentecôte? *Cum complerentur dies Pentecostes, erant omnes pariter in eodem loco :* « Ils étaient « tous dans le même lieu! » C'est alors que le Saint-Esprit, Esprit d'amour et de liberté, est venu prendre possession d'un groupe d'hommes, et commencer son règne sur notre terre.

Eh bien, Messieurs, quand donc a-t-on

pu dire du genre humain : « Il était
« réuni dans le même lieu? » Jamais, si
ce n'est aujourd'hui. Aujourd'hui, nos
yeux le voient avec admiration, un
homme peut traverser l'Europe en quelques heures, et chacun peut savoir en
une heure ce qui se passe dans toute
l'Europe. Avant la fin du siècle, le globe
entier ne sera plus réellement qu'un
même lieu, perméable en tous sens, et,
instantanément, à la parole humaine. Ils
seront tous dans le même lieu. Et n'est-
ce point alors que le Saint-Esprit, l'Esprit
d'amour et de liberté, voudra commencer son grand règne? *Et repleti sunt
omnes Spiritu sancto.*

Que disent encore les Actes des Apôtres : « Il y avait à Jérusalem des hommes
« religieux de toutes les nations qui sont
« sous le ciel.... chacun d'eux enten-
« dait les apôtres dans sa propre lan-

« gue. » *Erant in Jerusalem viri religiosi ex omni natione quæ sub cælo est... audiebat unusquisque lingua sua illos loquentes.* De même qu'il y avait en ce temps à Jérusalem des hommes religieux de toutes les nations, de même, et beaucoup plus véritablement, il y a aujourd'hui dans l'Église des hommes de toute nation qui écoutent les Apôtres.

Mais, en outre, la Providence amène, d'abord par l'unité de lieu, puis par le grand progrès philosophique et scientifique qui nous est proposé aujourd'hui, l'intelligence mutuelle des grandes races. Le monde chinois et japonais, d'une part, et d'autre part le monde indien, puis le monde sémitique, ces trois mondes tendent à ne faire qu'un monde ; ces trois esprits, si séparés, se laisseront pénétrer et ramener à la science et à la philosophie des chrétiens. A travers toutes les langues, alors, il pourra n'y avoir qu'un langage, intelligible à tous les peuples, à tous les hommes qui sont sous le même ciel.

Ici, Messieurs, voulez-vous me permettre une digression ? Hier, en méditant pour vous ces choses, je comparais l'esprit des races, et je voyais, — c'était le fruit d'un travail antérieur éclairé par plusieurs faits récents, — je voyais, clairement ce me semble, comment l'esprit de chacune de ces races, étant bien purifié de l'erreur propre où le poussait l'isolement, peut s'adapter aux autres dans l'harmonie de l'esprit complet. Je lisais les poëmes du premier des poëtes chinois, et j'ai compris, mieux que par le passé, le propre caractère du génie de cette race. Quel est ce caractère ? Pour être court, je vais vous lire un de ces poëmes. C'est la moitié d'une page. Vous verrez par vous-mêmes, d'un seul coup d'œil, ce qu'il serait long d'expliquer. Écoutez ce petit chef-d'œuvre :

« Près de la ville, qu'enveloppent des
« nuages de poussière jaune, les corbeaux
« se rassemblent pour passer la nuit.

« Ils volent en croassant au-dessus
« des arbres, ils perchent sur les bran-
« ches, et s'appellent entre eux.

« La femme du guerrier, assise à son
« métier, tissait de la soie.

« Les cris des corbeaux lui arrivent à
« travers les stores empourprés par les
« derniers rayons du soleil.

« Elle arrête sa navette. Elle songe
« avec découragement à celui qu'elle at-
« tend toujours.

« Elle gagne silencieusement sa cou-
« che solitaire, et ses larmes tombent
« comme une pluie d'été. »

Voilà, Messieurs, le type exquis de l'esprit de cette race. Empirisme des réalités : tout s'exprime par l'énumération des détails physiques. Voilà les faits, dit le poëte.

Or l'expérience palpable des faits concrets, n'est-ce point le premier pas et le premier devoir de la méthode universelle ? C'est pourquoi ils furent les premiers à découvrir tout le dehors des choses, dans l'industrie et dans les arts, et dans les lettres, et dans la politique, et dans beaucoup de sciences, mais sans s'élever, sans aller au parfait, à l'idéal, à Dieu ; sans progrès, sans élan, et, s'ils s'isolent, s'ils abusent de leur esprit particulier, retombant toujours, comme par leur propre caractère, dans le matérialisme et l'athéisme.

Mais, même en ôtant le mal, est-ce là tout l'homme ? Non certes, et voici, à côté de ce réalisme physique, le panthéisme idéaliste. Voici l'Inde, dont le génie mystique voit, au contraire, Dieu en toute chose, et, dépassant le but, ne cesse de faire Dieu de toute chose, soumettant tout au *nirvâna*, c'est-à-dire à l'anéantissement pour voir Dieu seul, Dieu tout, et puis pour ne plus voir ni être, afin que Dieu soit et voie seul.

Mais en ôtant le mal et l'anéantissement pervers du mysticisme faux, et les affreux abus de la doctrine du sacrifice, voyez cet incroyable élan de tout à Dieu, l'autre partie de la méthode ; voyez la poésie et la prière partout présentes ; voyez les grands principes de victoire sur les sens et sur l'égoïsme, de discipline morale, de sacrifice et même d'amour universel ; oui, mais d'amour universel dépassant la limite, et oubliant la distinction des êtres jusqu'à traiter comme l'homme le dernier animal ; jusqu'à s'ouvrir les veines et donner son sang, — c'est ce que fit Bouddha, — pour faire boire la tigresse mourante, qui demain dévorera des hommes.

Mais, entre ces deux extrêmes de panthéisme et de matérialisme, n'y a-t-il pas une race dont l'esprit soit mieux pondéré ? — Oui. Il y a la race centrale, centrale par tous ses caractères.

J'ai compris tard la solidité, la vérité du génie sémitique : je parle surtout du peuple de Dieu posé vraiment par Dieu dans le milieu du vrai.

« Celui, dit un profond penseur, celui « qui, parmi les natures, sait clairement « distinguer celles d'en haut, celles du « milieu et celles d'en bas, celui-là sait « assez, et même il sait beaucoup. »

Cette science-là est évidemment le partage du peuple de Dieu. Les psaumes, — je relisais les sept psaumes de la Pénitence, — furent pour moi, dans cette

comparaison des races, une vraie révéla-
tion. Faites, je vous prie, cette expérience. Là seulement on trouve toutes
les natures, toutes les réalités maintenues, distinguées, établies dans leur
proportion et leur ordre. Là, plus d'empirisme qui oublie Dieu et l'âme; là,
plus d'idéalisme qui efface la nature ou
l'homme; là, dis-je, toutes choses sont
maintenues, et chacune a sa consistance.
Là est Dieu, le Dieu unique, le Dieu vivant, qui opère et qui parle, que l'on
prie et auquel on parle; qui donne l'intelligence, la vie, la force, la santé; qui
pardonne et délivre du mal; qui aime et
a pitié; Dieu qui détruit l'iniquité, qui
crée un cœur nouveau et un esprit nouveau dans l'homme qui connaît sa misère, qui souffre et pleure, et demande
le salut et la force de travailler : *Cor
mundum crea in me, Deus, et spiritum*

rectum innova in visceribus meis. Là est l'individu, la personne dans sa consistance, l'homme dans son corps et dans son âme, dans son esprit, sa chair, son sang, ses os. *Quoniam conturbata sunt ossa mea.* Là est le bien, le mal, la justice et l'iniquité, nettement et radicalement séparées : *Dilexisti justitiam et odisti iniquitatem.* Là je trouve la patrie et son ardent amour : *Benigne fac, Domine, in bona voluntate tua Sion, ut ædificentur muri Jerusalem !* Là je trouve l'avenir du monde et sa marche vers l'unité des peuples. Je trouve le temps qui passe, l'éternel qui subsiste, Dieu immuable et la transformation de l'univers physique; dans cette poésie vraie, sobre et universelle, je vois, comme il le faut, Dieu partout et en tout, et toutes choses constamment rapportées à Dieu, mais subsistantes, consistantes, et distinctes du Dieu Très-Haut, tant la nature d'en bas, la terre, marchepied de Dieu, que la nature moyenne, l'homme, serviteur de Dieu. J'y vois la véritable idée du sacrifice, c'est-à-dire la loi du passage du mal au bien, de l'âme à Dieu, la loi de régénération. J'y rencontre de tous les sentiments humains le plus grand, le plus touchant, le plus divin et le plus important, la Contrition : *Sacrificium Deo spiritus contribulatus; cor contritum et humiliatum, Deus, non despicies.*

Tout le génie sémite est là dans un éclat incomparable. C'est bien là le génie modérateur et régulateur, qui recevra toutes les races sous sa tente lorsque le Saint-Esprit, l'esprit d'amour et de liberté, s'y étant incarné, brisera la limite nationale, et s'étendra sur toute la terre : *Eritis mihi testes in Jerusalem et usque ad ultimum terræ.*

Mais quelles richesses ne produiront pas ces mariages entre races éloignées, lorsque la force de chaque génie, du génie expérimental et du génie mystique, se corrigeant, par leur union, du vice qui perdait chacun d'eux, s'adapteront au génie pur, au génie complet de la race centrale et choisie, ou plutôt quand les races se rapprocheront dans l'unité du Saint-Esprit [1] !

Que disent encore les Actes des Apôtres, parlant des conditions ou des circonstances qui précédèrent la venue de l'Esprit ? Ils disent : *Erant omnes perseverantes unanimiter in oratione, cum mulieribus, et Maria, matre Jesu.*

Ce fut une bien extraordinaire nouveauté que ces paroles : « Ils persévé-« raient tous, dans la prière et dans

[1] Voir, dans la *Connaissance de l'âme*, le chapitre intitulé : *Les trois groupes de langues*, liv. II, ch. III.

« un même esprit, avec les femmes, et
« avec Marie, mère de Jésus ! » Ces paroles sont tellement nouvelles qu'elles
sont, aujourd'hui encore, absolument
inintelligibles au monde oriental et à tout
l'islamisme, c'est-à-dire à tout ce qui
n'est pas chrétien. Mais les chrétiens
eux-mêmes, j'espère, les comprendront
un jour mieux qu'ils ne l'ont fait jusqu'ici. Il y a eu dans le monde chrétien, entre l'homme et la femme, un
progrès du respect et « de l'amour intel-
« lectuel et cordial, » c'est le mot de
saint François de Sales. Mais n'y a-t-il
pas eu, depuis, décadence du respect, décadence de l'amour religieux et profond,
et même quelque retour vers l'isolement
intellectuel, moral et religieux des deux
fiancés éternels : fiancés éternels, car
l'union les attend toujours, l'union promise, l'union croissante des intelligences

et des cœurs, en esprit et en vérité ? Oh ! oui ! le Saint-Esprit, un jour, bénira et glorifiera l'union. Le genre humain ne sera pas toujours comme un corps vivant qui voudrait isoler ses deux vies, celle qui sent et nourrit, celle qui voit et agit. La femme ne sera pas toujours comme l'endormie, qu'un breuvage savant prive de la vie active et claire, ne lui laissant que les battements du cœur et les soulève-ments de la poitrine. L'homme ne sera pas toujours, en sens inverse, desséché dans ses profondeurs, privé d'entrailles, et ré-duit, loin du sanctuaire, à la vulgaire clarté des sens et au sec mouvement des os. La vraie sagesse, pour se répandre dans l'humanité, attend le développement moins disproportionné des deux vies dans chaque être humain, et l'union plus intime des sexes dans l'étendue entière de la vie humaine. Pour tout l'ensemble

de la vie, et dans les arts, et en philosophie, en morale, en religion, et pour le
vrai bonheur des sociétés, presqu'autant que pour la multiplication des hommes, saint Paul a dit la vérité : « En
« Dieu, l'homme n'est rien sans la fem-
« me, la femme n'est rien sans l'homme: »
*Verumtamen neque mulier sine viro, ne-
que vir sine muliere, in Domino*. Est-ce
que toutes les illusions du mysticisme,
du sentiment rêvant à part, les confu-
sions de la synthèse obscure, d'un côté,
et, de l'autre côté, toutes les stérilités du
raisonnement sans cœur, toutes les ina-
nités de l'analyse éparpillée, et tous les
abîmes vides de la raison abstraite, et les
retournements de la logique désorientée,
ne sont pas le fruit déplorable de l'isolement intellectuel des sexes? « La voix de
« la sagesse, disait quelqu'un, n'a pas de
« sexe. Elle n'est ni voix d'homme, ni

« voix de femme. » Cela est vrai, mais en ce sens qu'elle est le concert des deux voix. Or, c'est ce concert des deux voix dans le gouvernement du monde, de la famille, de la prière, de la philosophie et de la société, qu'attend toute la nature pour nous mieux obéir, et qu'attend Dieu lui-même pour nous mieux inspirer. « Tous ils persévéraient dans la « prière, unis d'esprit avec les femmes, « et avec Marie, mère de Jésus. » Oui, ce seul trait des Actes des Apôtres prouve que la Vérité était descendue sur la terre et que le Saint-Esprit allait venir.

Il allait venir pour faire de tous les hommes de foi un seul corps, un seul cœur, une seule âme et un seul esprit : *Multitudinis autem credentium erat cor unum et anima una.*

Il allait venir pour leur apporter l'unité (*multitudinis cor unum*), l'unité libre de l'amour, l'unité dans la glorieuse pluralité et la vigoureuse consistance des personnes. L'Esprit-Saint se donnait à tous, mais en flammes distinctes à chacun; chacun portait sa langue de feu : *Dispertitæ linguæ tanquam ignis... super singulos eorum.*

CONCLUSION.

Concluons, Messieurs, en relisant encore ce texte sublime du livre de la Sagesse que je ne cesse de vous citer, et qu'il faut porter dans vos cœurs : « Dieu « de mes pères, Dieu de miséricorde, qui, « dans votre sagesse, avez constitué l'homme pour dominer toute la nature et disposer le globe terrestre dans l'ordre « et la justice, ô Dieu ! donnez-moi la « sagesse, ouvrière de votre royaume. »

J'espère, Messieurs, vous avoir convaincus que vous avez été mis sur la terre pour dominer toute la nature et disposer le globe terrestre dans l'ordre et la justice. Je vous ai demandé, en ces jours

si troublés, un immense effort pour aider notre belle civilisation à traverser la
crise, pour extirper les grands scandales d'iniquité qui arrêtent tout, puis
pour porter la marche intellectuelle du
monde moderne jusqu'à la connaissance
de la vérité. Nous avons appelé connaissance de la vérité cette science universelle et comparée, cette science d'ensemble à la fois lumineuse et ardente,
cette philosophie entière, à la fois scientifique et pratique, et toute pénétrée
d'âme, et toute féconde d'amour, qui
seule peut être appelée la sagesse. Cette
sagesse, il la faut demander au Dieu de
miséricorde et d'amour qui, lorsqu'il est
ardemment invoqué, met en nous la pitié
divine, la pitié du cœur, l'amoureuse
compassion pour tous les pauvres hommes souffrants.

J'espère, Messieurs, que vous avez une

indomptable foi dans la possibilité actuelle des grands progrès. L'esprit humain est mûr pour la science d'ensemble, pour la philosophie entière, en
d'autres termes, pour la vérité. Et en
même temps, la marche providentielle
du monde a porté la société chrétienne à
l'âge de liberté, c'est-à-dire à cette troisième veille évangélique qui est le but
et le repos dans la paix et l'amour.

Vous avez compris, je le sais, que la
loi de l'histoire est ceci : par la justice
et par la foi, arriver à la vérité, et par
la vérité, arriver à la liberté. C'est la loi
du développement des trois facultés dans
chaque âme, et c'est la loi du développement des phases du genre humain.

Le texte de cette loi sort de la bouche
du Christ. Il est digne de Dieu enseignant : *Si manseritis in sermone meo, cognoscetis veritatem , et veritas liberabit*

vos. Cette loi n'est pas, comme les lois physiques, ou comme la fausse loi des sophistes, une loi fatale ; c'est la loi de l'humanité libre. Elle est conditionnelle : son premier mot déclare la liberté : Si MANSERITIS ; « SI VOUS VOUS MAINTE- NEZ. » Si vous vous maintenez dans la foi, et dans la justice de la foi, alors, très-certainement, vous connaîtrez la vérité, et la vérité nous donnera la li- berté.

Cette loi vient de si haut qu'elle est la loi de l'éternel mouvement de la vie de Dieu même. Dieu nous l'applique. Il veut nous rendre semblables à lui. Il envoie son Verbe éternel qui la proclame, et le Verbe envoie ses Apôtres pour l'opérer dans le monde entier : « *Allez et ensei-* « *gnez toutes les nations, les baptisant* « *et les régénérant au nom du Père, du* « *Fils et du Saint-Esprit.* » Que veulent dire ces paroles? Ces paroles sont d'abord le texte sacramentel du baptême, de l'acte mystérieux et divin qui fait les hommes enfants de Dieu. Puis c'est aussi la grande formule de notre loi, baptême, ou régénération au nom du Père, principe et force génératrice; — au nom du Fils, verbe, sagesse et vérité, que le Père engendre comme la Foi engendre la lumière; — au nom du Saint-Esprit, esprit d'amour et de liberté qui procède du Père et du Fils, comme la liberté procède de la justice et de la vérité.

Toute la propagation du christianisme consiste donc à régénérer les nations et tout le genre humain en y semant toujours la nécessaire condition de la loi, justice et foi, et puis, en ne cessant de développer, à partir du germe, la lumière et la liberté.

Or, comme déjà les deux premières

phases de cette histoire sacrée se développent manifestement sous nos yeux, depuis dix-neuf siècles, il faut n'avoir pas le sens de l'histoire pour ne pas voir la divine loi qui resplendit dans ces grands faits. Et si vous comprenez la loi, Messieurs, vous avez compris du même coup votre devoir, et conçu l'indomptable espérance de l'accomplir. La force de la loi nous pousse à terminer la crise présente, à finir la phase scientifique, pour entrer dans cette phase nouvelle de l'ère nouvelle, qui est la phase de liberté. Et vous voyez de vos propres yeux le globe se préparer physiquement, par l'unité de lieu, à l'effusion du Saint-Esprit, qui est l'esprit de liberté : *Erant omnes in eodem loco*. Le monde marche vers cette nouvelle effusion de l'esprit par le rapprochement des races, *ex omni natione quæ sub cœlo est*, et par une moindre séparation morale et intellectuelle des sexes : *perseverantes unanimiter in oratione cum mulieribus ;* par une plus grande unité de langage à travers les idiomes divers : *audivimus eos nostris linguis loquentes magnalia Dei.* Il y marche par une plus grande consistance de chaque homme, au sein d'un plus grand rapprochement des hommes, *seditque super singulos eorum.*

Vous voilà donc évidemment poussés par la loi de l'histoire, portés par la force de Dieu, et vous hésiteriez, et vous ne sauriez pas maintenir dans votre âme cette invincible Foi à laquelle rien n'est impossible, et qui transporte les montagnes ! Et vous n'oseriez pas commander aux montagnes d'iniquité et aux ténèbres de mensonge de disparaître devant la marche du genre humain ! Vous ne pourriez concevoir l'espérance de rendre à notre chère patrie, qui est le gouvernail du grand vaisseau de la chrétienté, sa véritable orientation dans le sens de la marche de Dieu : *Ut cognoscamus in terra viam tuam !* Vous oseriez désespérer de faire admettre ces évidences! Vous n'y pourriez trouver une force irrésistible pour faire cesser les cruelles divisions qui neutralisent les forces de la France, qui ôtent depuis un siècle toute joie à notre chère patrie! Ne croyons pas ces fatales divisions nécessaires ; d'autres peuples ne sont pas divisés comme nous ; en d'autres temps nous n'étions pas divisés ainsi. Un temps viendra, osez-vous en désespérer? un temps viendra où nous serons unis, où la patrie n'aura plus qu'un cœur et qu'une âme. Pourquoi donc ne pas commencer dès demain? Qu'est-ce qui nous divise et nous coupe en tronçons? Regardez jusqu'au fond, c'est la crise de foi. C'est autour de la croix du Christ et de l'Église du Christ que l'on se bat. Les autres causes de division ne sont qu'incidents ou prétextes. Mais c'est ici que rugit la colère.

Mais quoi? que voulons-nous tous, de tous côtés? je mets à part les hommes de joie et les hommes de proie, qui ne comptent pas comme esprits libres, et qui ne sont que les tristes fléaux du monde moral, et je demande ce que veulent tous les combattants. C'est apparemment la justice, la vérité, la liberté!

Mais ceux qui veulent en effet ces trois choses, et il en est dans tous les camps, ne pourraient-ils donc pas d'abord mettre bas, non pas les armes, mais du moins la colère? Or, quand la colère tombe, la lumière ne renaît-elle pas? La parole d'autrui ne reprend-elle pas tout aussitôt

son sens, qu'elle n'avait plus? Ne peut-
on pas alors arriver à une polémique
qui soit une œuvre collective, où, tandis
que les uns proclament la vérité, les autres, par amour pour elle, la purifient
de son alliage? Dès que la colère tombe,
tous les cœurs droits et tous les esprits
libres ne peuvent-ils pas s'entendre pour
tourner toutes leurs forces contre l'ennemi réel, savoir, les hommes de joie
et les hommes de proie, les menteurs qui se moquent sciemment de la
vérité, et les morts qui nient la justice?
Chacun de nous, d'ailleurs, ne doit-il
pas savoir découvrir en lui-même quelque complicité avec ces menteurs ou ces
morts? Et par cette nécessaire et (géné-
reuse critique, en soi et hors de soi, ne
peut-on donc pas mettre décidément à
part les doctrines qui, depuis le commencement du monde, en morale, en po-

litique, en législation, en philosophie générale, attristent le genre humain, et n'émanent que de la bouche de ceux dont l'Esprit de Dieu dit : « Leur bouche est « un sépulcre ouvert : » *Sepulchrum patens est guttur eorum?*

En outre, n'est-il pas manifeste que le moindre mouvement de bonne volonté, le moindre effort pour revenir à la bonté, à la douceur, à l'humilité, à l'amour, serait à l'instant même récompensé par les plus riches bénédictions de Dieu ? N'est-il pas manifeste que, lorsqu'après l'atroce et odieuse guerre qui divise les esprits, on aura l'immense joie de revenir à quelque paix, à quelque union des esprits et des volontés, les premières heures du rapprochement donneront à la chrétienté une force qui fera des prodiges ? L'évidente multiplication des pains, l'évidente multiplication de la lumière, de la justice, de la liberté, de l'amour, de tous ces biens qui semblaient impossibles, tout cela paraîtra aux hommes, et sera en effet plus prodigieux que les premiers miracles de l'Évangile. Ces nouveaux fruits de la puissance évangélique seront ceux dont parle le Christ : « Celui qui « croit en moi fera, non-seulement les « choses que je fais, il en fera même de « plus grandes : » *Qui credit in me, opera quæ ego facio et ipse faciet*, et MAJORA HORUM FACIET[1]. Et la plus grande de toutes ces œuvres que Jésus-Christ fera par nous, œuvre plus grande que ses œuvres premières, *majora horum*, sera la renaissance et la résurrection, à travers la crise, de la Foi qui paraissait morte : *Oportet Filium hominis occidi et multa pati, et tertia die resurgere.* Et cette résurrection du christianisme sera bien en effet plus

[1] *Joan.*, XIV, 12.

merveilleuse que son premier établisse-
ment, déjà si merveilleux, *majora horum
faciet.* Cette résurrection historique, universelle, sera la preuve définitive de sa
divinité, et la clef de voûte de l'édifice,
comme sa première résurrection visible
et corporelle est et demeure le premier
fondement de la Foi.

Alors enfin, et alors seulement, les
chrétiens comprendront toutes les ressources de la Foi, et ils verront que l'É-
vangile est vrai : « Si vous aviez la Foi,
« rien ne vous serait impossible. La Foi
« transporte les montagnes. Tout est
« possible à celui qui croit. » Et alors,
tous ensemble, nous oserons dire ce que
le Saint-Esprit révélait aux anciens prophètes : « Nous sommes constitués par
« Dieu pour dominer toute la nature,
« pour disposer le globe terrestre dans
« l'ordre et la justice, pour conduire

« tout le genre humain, par la foi du
« Christ, à la lumière et à la liberté.
« Nous le croyons, nous le voulons, nous
« l'entreprenons aujourd'hui !

FIN.

TABLE.

FIN DE LA TABLE.

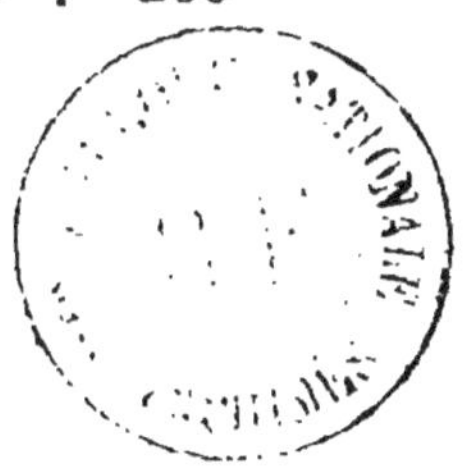

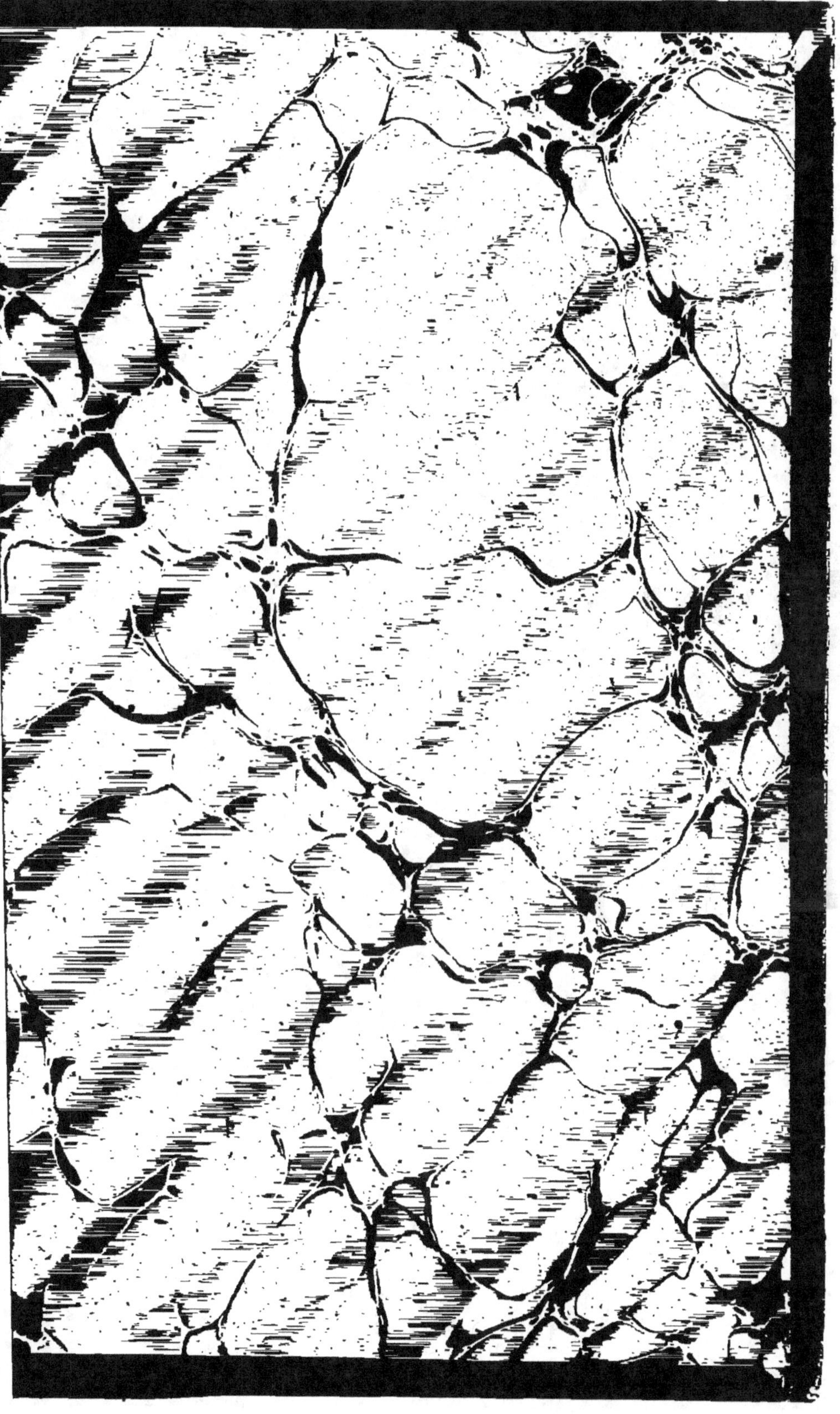